ISAAC LAQUEDEM

PAR

ALEXANDRE DUMAS

I

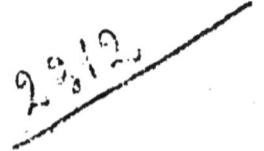

PARIS
A LA LIBRAIRIE THÉATRALE,
BOULEVARD SAINT-MARTIN, 12.

1853

ISAAC LAQUEDEM.

PARIS. — IMPRIMERIE DE Mme Ve DONDEY-DUPRÉ,
rue Saint-Louis, 46, au Marais.

ISAAC
LAQUEDEM

PAR

ALEXANDRE DUMAS

I

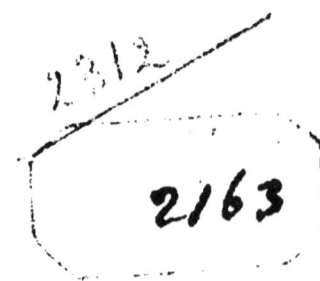

PARIS
A LA LIBRAIRIE THÉATRALE,
BOULEVARD SAINT-MARTIN, 12.

1853

ISAAC LAQUEDEM

LA VIA APPIA.

Que le lecteur se transporte avec nous à trois lieues au delà de Rome, à l'extrémité de la via Appia, au bas de la descente d'Albano, à l'endroit même où la voie antique, vieille de deux mille ans, s'embranche avec une route moderne âgée seulement de deux siècles, laquelle contourne les tombeaux, et, les laissant à sa gauche, va aboutir à la porte de Saint-Jean de Latran.

Qu'il veuille bien supposer que nous sommes dans la matinée du jeudi saint de l'année 1469 ; que Louis XI règne en France, Jean II en Espagne, Ferdinand Ier à Naples; que Frédéric III est empereur d'Allemagne, Ivan, fils de Basile Wasiliévitch, grand duc de Russie, Christophe Moro, doge de Venise, et Paul II, souverain pontife.

Qu'il se souvienne que c'est le jour solennel où, vêtu de la chape d'or, coiffé de la tiare, porté sous un dais soutenu par huit cardinaux, le prêtre-roi doit, du haut de la vieille basilique de Constantin, déjà condamnée et près de faire place à celle de Bramante et de Michel-Ange, donner, au nom des saints apôtres

Pierre et Paul, sa bénédiction à Rome et au monde, à la ville et à l'univers, *urbi et orbi*.

Alors, il comprendra qu'à cause de cette solennité suprême, les populations des villages voisins se pressent sur les routes de Bracciano, de Tivoli, de Palestrine et de Frascati, tendant toutes vers la ville sainte, où les cloches qui vont fuir, et dont l'absence témoignera du deuil de la chrétienté, les attirent par un dernier appel.

Au milieu de toutes ces routes qui conduisent à Rome, et qui, de loin, semblent couvertes d'un tapis mouvant, tant se déroulent en longues files les contadines aux jupes de pourpre et aux corsages d'or, tirant un enfant par la main, ou en portant un sur leurs épaules·

les conducteurs de troupeaux, armés de lances, cachant sous leurs manteaux bruns leurs justaucorps de velours bleu à boutons d'argent, et passant au galop de leurs petits chevaux des montagnes aux housses écarlates brodées de clous de cuivre ; les graves matrones au visage calme, traînées sur de lourdes charrettes attelées de deux grands bœufs blancs aux longues cornes noires, et qui semblent de vivantes statues de l'Isis thébaine ou de la Cérès éleusine ; — au milieu de toutes ces routes, disons-nous, qui, pareilles à d'immenses artères, portent, à travers le désert fauve de la campagne romaine, le sang et la vie à la vieille Rome, une seule route est déserte.

C'est celle où nous avons conduit le lecteur.

Et, cependant, ce n'est point que d'Albano ne descende une grande affluence de peuple ; ce n'est point que manquent au rendez-vous les belles paysannes de Genzano et de Velletri ; les pâtres des marais Pontins avec leurs chevaux à longues crinières et à queues flottantes ; les matrones de Nettuno et de Mondragone, dans leurs chars traînés par des buffles à la respiration bruyante et aux yeux de flamme, — non ; à l'embranchement dont nous avons parlé, le pieux cortége de pèlerins abandonne la voie antique, laisse à sa gauche cette double file de sépulcres dont nous allons dire l'histoire en quelques lignes, et, à travers la plaine aux longues herbes, prend cette route nouvelle qui va, par un détour, joindre l'ancienne voie Tusculane, et aboutir à la basilique de Saint-Jean de Latran.

Il n'en a pas toujours été ainsi, du reste, de cette voie Appienne, aujourd'hui si déserte, que l'herbe pousserait dans les interstices de ses larges dalles grises, si ces dalles, inégalement taillées dans la lave des volcans éteints, ne refoulaient pas toute végétation. Aux beaux jours de la Rome des Césars, on la nommait la grande Appia, la reine des routes, le chemin de l'Élysée; c'était alors le rendez-vous, dans la vie et dans la mort, de tout ce qu'il y avait de riche, de noble et d'élégant dans la ville par excellence. D'autres voies encore, la voie Latine, la voie Flaminienne, avaient leurs sépulcres; mais heureux qui avait son sépulcre sur la voie Appia!

Chez les Romains, nation où le goût de la mort était presque aussi répandu qu'il l'est en Angleterre, et où la rage du suicide fut, sous les règnes de Tibère, de Caligula et de Néron particulièrement, une véritable épidémie, la préoccupation du lieu où le corps dormirait son éternité était grande. D'abord, on avait enseveli dans la ville, et jusque dans l'intérieur des maisons ; mais ce mode de sépulture était contraire à la salubrité publique ; de plus, les cérémonies funèbres pouvaient à tout instant souiller les sacrifices de la ville ; en conséquence, une loi intervint qui défendait d'ensevelir ni de brûler dans l'intérieur de Rome. Deux ou trois familles de privilégiés seulement conservèrent ce droit à titre d'honneur public : c'étaient les familles de Publicola, de Tubertus et de Fabricius. Ce droit leur était fort envié.

Le triomphateur mort pendant le triomphe avait également le droit d'être enterré dans Rome.

Aussi, bien rarement le vivant laissait-il le soin de son tombeau à ses héritiers. C'était une distraction qu'il se donnait à lui-même, de faire tailler son sépulcre sous ses yeux. La plupart des monuments funéraires que l'on rencontre encore aujourd'hui portent, soit ces deux lettres : V. F., ce qui signifie : *Vivus fecit;* soit ces trois lettres : V. S. P., ce qui signifie : *Vivus sibi posuit;* soit, enfin, ces trois autres lettres : V. F. C., ce qui signifie : *Vivus faciendum curavit.*

C'était, en effet, pour un Romain,

chose importante, comme on va le voir, que d'être enterré. D'après une tradition religieuse fort accréditée, même au temps de Cicéron, où ce genre de croyance commençait pourtant à disparaître, l'âme de tout individu privé de sépulture devait errer pendant cent ans sur les bords du Styx; aussi quiconque rencontrait un cadavre le long de son chemin, et négligeait de lui donner la sépulture, commettait un sacrilége dont il ne pouvait se racheter qu'en sacrifiant une truie à Cérès. Il est vrai que si, à trois reprises différentes, on jetait un peu de terre sur le cadavre, cela exemptait de l'inhumation et dispensait du sacrifice.

Mais ce n'était pas le tout que d'être enterré, il fallait être enterré agréablement. La mort païenne, plus coquette que la nôtre, n'apparaissait point aux agonisants du siècle d'Auguste comme un squelette décharné au crâne nu, aux orbites vides, au ricanement sombre, et tenant à la main une faux au fer recourbé ; non, c'était tout simplement une belle femme pâle, fille du Sommeil et de la Nuit, aux longs cheveux épars, aux mains blanches et froides, aux embrassements glacés ; quelque chose comme une amie inconnue qui, lorsqu'on l'appelait, sortait des ténèbres, s'avançait grave, lente et silencieuse, s'inclinait au chevet du mourant, et, du même baiser funèbre, fermait à la fois ses lèvres et ses yeux. Alors, le cadavre demeurait sourd, muet, insensible, jusqu'au moment où la flamme du bûcher s'allumait pour lui, et, en consumant le corps, séparait l'esprit de la matière, — matière qui devenait cendre, esprit qui devenait dieu. Or, ce nouveau dieu, dieu mâne, tout en demeurant invisible aux vivants, reprenait ses habitudes, ses goûts, ses passions; rentrait, pour ainsi dire, en possession de ses sens, aimant ce qu'il avait aimé, haïssant ce qu'il avait haï.

Et voilà pourquoi, dans le tombeau d'un guerrier, on déposait son bouclier, ses javelots et son épée; dans le tombeau d'une femme, ses aiguilles de diamant, ses chaînes d'or et ses colliers de perles; dans le tombeau d'un enfant, ses jouets les plus chéris, du pain, des fruits, et, au fond d'un vase d'albâtre, quelques gouttes de lait tirées de ce sein maternel qu'il n'avait pas eu le temps de tarir.

Donc, si l'emplacement de la maison qu'il devait occuper pendant sa courte existence semblait au Romain digne d'une sérieuse attention, jugez quelle attention plus grande encore il devait apporter au plan, au site, à l'emplacement, enfin, plus ou moins agréable, plus ou moins selon ses goûts, ses habitudes, ses désirs, de cette maison que, devenu dieu, il devait habiter pendant l'éternité; car les dieux mânes, dieux sédentaires, étaient enchaînés à leurs tombeaux, et tout au plus avaient la permission d'en faire le tour. Quelques-uns,—c'étaient les amateurs des plaisirs champêtres, les hommes aux goûts simples, les esprits bucoliques; — quelques-uns, en très-petit nombre, ordonnaient qu'on élevât leurs sépulcres dans leurs villas, dans leurs jardins, dans leurs bois, afin de passer leur éternité en compagnie des nymphes, des faunes et des dryades, bercés au doux bruit des feuilles agitées par le vent, distraits par le murmure des ruisseaux roulant sur les cailloux, réjouis par le chant des oiseaux perdus dans les branches. Ceux-là, nous l'avons dit, c'étaient les philosophes et les sages..... Mais d'autres, — et c'était le grand nombre, la multitude, l'immense majorité, — d'autres qui avaient autant besoin de mouvement, d'agitation et de tumulte que les premiers de solitude, de silence et de recueillement; d'autres, disons-nous, achetaient à prix d'or des terrains sur le bord des routes, là où passaient les voyageurs venant de tous les pays, apportant à l'Europe les nouvelles de l'Asie, de l'Afrique, sur la voie Latine, sur la voie Flaminienne, et surtout, surtout! sur la voie Appia. C'est que la voie Appia, tracée par le censeur Appius Claudius Cæcus, avait peu à peu cessé d'être une route de l'empire pour devenir un faubourg de Rome. Elle conduisait toujours à Naples et, de Naples, à Brindes, mais à travers une double rangée de maisons qui étaient des palais, et de tombeaux qui étaient des monuments. Il en résultait que, sur la voie Appia, les fortunés dieux mânes, non-seulement voyaient les passants connus et inconnus, non-seulement entendaient ce que les voyageurs disaient de neuf sur l'Asie et sur l'Afrique, mais encore parlaient à ces passants par la bouche de leurs tombeaux avec les lettres de leurs épitaphes.

Et, comme le caractère des individus, ainsi que nous l'avons constaté, survivait à la mort, l'homme modeste disait :

J'ai été, je ne suis plus.
Voilà toute ma vie et toute ma mort.

L'homme riche disait :

Ici repose
STABIRIUS.
Il fut nommé sevir sans l'avoir sollicité.
Il aurait pu occuper un rang dans toutes les
décuries de Rome;
il ne le voulut pas.
Pieux, vaillant, fidèle,
il est venu de rien : il a laissé trente millions
de sesterces,
et n'a jamais voulu écouter les philosophes.
Porte-toi bien, et imite-le.

Puis, pour attirer plus sûrement encore l'attention des passants, Stabirius, l'homme riche, faisait graver un cadran solaire au-dessus de son épitaphe !

L'homme de lettres disait :

Voyageur !
si pressé que tu sois d'arriver au terme
de ton voyage,
cette pierre te demande de regarder de son côté,
et de lire ce qui y est écrit :
Ici gisent les os du poëte
MARCUS PACUVIUS.
Voilà ce que je voulais t'apprendre.
Adieu !

L'homme discret disait :

Mon nom, ma naissance, mon origine,
ce que je fus, ce que je suis,
je ne le révélerai point.

*Muet pour pour l'éternité, je suis un peu
de cendre, des os, rien!
Venu de rien, je suis retourné d'où j'étais venu.
Mon sort t'attend. Adieu!*

L'homme content de tout disait :

*Tant que je fus au monde, j'ai bien vécu.
Ma pièce est déjà finie; la vôtre finira bientôt.
Adieu! Applaudissez!*

Enfin, une main inconnue, celle d'un père sans doute, faisait dire à la tombe de sa fille, pauvre enfant enlevée au monde à l'âge de sept ans :

*Terre! ne pèse point sur elle!
Elle n'a point pesé sur toi!*

Maintenant, à qui tous ces morts se cramponnant à la vie venaient-ils parler la langue du tombeau ? Quels étaient ceux qu'ils appelaient de leurs sépulcres comme font les courtisanes frappant à leurs carreaux pour forcer les passants à tourner la tête? Quel était ce monde auquel ils continuaient de se mêler en esprit, et qui passait joyeux, insouciant, rapide, sans les écouter, sans les voir?

C'était tout ce qu'il y avait de jeunesse, de beauté, d'élégance, de richesse, d'aristocratie à Rome. La via Appia, c'était le Longchamp de l'antiquité; seulement, ce Longchamp, au lieu de durer trois jours, durait toute 'année.

Vers quatre heures de l'après-midi, quand la grande chaleur du jour était passée; quand le soleil descendait moins ardent et moins lumineux vers la mer Thyrénienne; quand l'ombre des pins, des chênes verts et des palmiers s'allongeait de l'occident à l'orient ; quand le laurier-rose de Sicile secouait la poussière de la journée aux premières brises qui descendaient de cette chaîne de montagnes bleues que domine le temple de Jupiter Latial ; quand le magnolia des Indes relevait sa fleur d'ivoire, arrondie en cornet comme une coupe parfumée qui s'apprête à recueillir la rosée du soir ; quand le nélumbo de la mer Caspienne, qui avait fui la flamme du zénith dans l'humide sein du lac, remontait à la surface de l'eau pour aspirer de toute la largeur de son calice épanoui la fraîcheur des heures nocturnes, alors commençait à apparaître, sortant de la porte Appienne, ce que l'on pouvait appeler l'avant-garde des beaux, des *Tros-*

suli, des *petits Troyens* de Rome, que les habitants du faubourg Appia,— sortant à leur tour des maisons, qui, elles aussi, s'ouvraient pour respirer,— s'apprêtaient à passer en revue, assis sur des chaises ou des fauteuils apportés de l'intérieur de l'atrium, appuyés aux bornes qui servaient de marchepied aux cavaliers pour monter à cheval, ou à demi couchés sur ces bancs circulaires que l'on adossait à la demeure des morts pour la plus grande commodité des vivants.

Jamais Paris rangé en deux haies aux Champs-Élysées, jamais Florence courant aux Caschines, jamais Vienne s'empressant au Prater, jamais Naples entassée dans la rue de Tolède ou à Chiaïa, ne virent pareille variété d'acteurs, pareil concours de spectateurs !

D'abord, en tête, paraissaient les cavaliers montés sur des chevaux numides, avec des housses de drap d'or ou de peaux de tigres. Quelques-uns continueront la promenade au pas; ceux-là ont devant eux des coureurs en tunique courte, à la chaussure légère, au manteau roulé autour de l'épaule gauche, et dont les flancs sont contenus par une ceinture de cuir qu'ils serrent ou dénouent à volonté, selon que l'allure qu'ils sont forcés de prendre est plus ou moins rapide; d'autres, comme s'ils se disputaient le prix de la course, franchiront en quelques minutes toute la longueur de la voie Appienne, lançant à la tête de leurs chevaux de magnifiques molosses aux colliers d'argent. Malheur à qui se trouve sur le chemin de cette trombe ! malheur à qui se laisse enveloppé par ce tourbillon de hennissements, d'abois et de poussière ! celui-là, on le relèvera mordu par les chiens, piétiné par les chevaux ; celui-là, on l'emportera sanglant, rompu, brisé, pendant que le jeune patricien qui aura fait le coup se retournera sans ralentir sa course, éclatant de rire, et montrant son adresse à poursuivre son chemin, tout en regardant du côté opposé au but vers lequel se dirige son cheval.

Derrière les chevaux numides viennent les chars légers, qui lutteraient presque de vitesse avec ces enfants du désert dont la race a été conduite à Rome en même temps que Jugurtha : ce sont des *cisii*, équipages aériens, espèces de tilburys traînés par trois mules attelées en éventail, et dont celle de droite et celle de gauche galopent et bondissent en secouant leurs grelots d'argent, tandis que celle du milieu trotte en suivant la ligne droite avec l'inflexibilité, nous dirons presque avec la rapidité d'une flèche. Arrivent ensuite les *caruccæ*, voitures élevées dont le corricolo moderne n'est qu'une variété ou plutôt qu'une descendance, et que les élégants conduisent rarement eux-mêmes, mais font conduire par un esclave nubien qui porte le costume pittoresque de son pays.

Puis, derrière les cisii et les caruccæ, s'avancent les voitures à quatre roues, les *rhedæ*, garnies de coussins de pourpre et de riches tapis qui retombent en dehors; les *covini*, voitures couvertes et fermées si hermétiquement, qu'elles transportent parfois les mystères de l'alcôve dans les rues de Rome et sur les promenades publiques; enfin, faisant contraste l'une avec l'autre, — la matrone, vêtue de sa longue stole, enveloppée de son épaisse palla, assise avec la roideur d'une statue dans le *carpentum*, espèce de char d'une forme particulière, dont les seules femmes patriciennes ont le droit de se servir, — et la courtisane vêtue de gaze de Cos, c'est-à-dire d'air tissu, de brouillard filé, nonchalamment couchée dans sa litière, soutenue par huit porteurs couverts de magnifiques *penulæ*, accompagnée, à droite, de son affranchie grecque, messagère d'amour, Iris nocturne, qui fait trêve un instant à son doux commerce pour agiter, avec un éventail de plumes de paon, l'air que respire sa maîtresse; à gauche, d'un esclave liburnien portant un marchepied garni de velours auquel se rattache un long et étroit tapis de la même étoffe, afin que la noble prêtresse du plaisir puisse descendre de sa litière, et gagner l'endroit où elle a décidé de s'asseoir, sans que son pied nu et chargé de pierreries soit forcé de toucher le sol.

Car, une fois le champ de Mars traversé, une fois hors de la porte Capène, une fois sur la via Appia, beaucoup continuent leur chemin à cheval ou en voiture, mais beaucoup aussi mettent pied à terre, et, donnant leurs équipages à garder à leurs esclaves, se promènent dans l'intervalle ménagé entre les tombeaux et les maisons, ou s'asseyent sur des chaises et des tabourets que des spéculateurs en plein vent leur louent moyennant un demi-sesterce l'heure. Ah! c'est là que l'on voit les élégances réelles! C'est là que la mode règne arbitrairement! C'est là que l'on étudie sur les véritables modèles du bon goût la taille de la barbe, la coupe des cheveux, la forme des tuniques, et ce grand problème — résolu par César, mais remis en doute par la génération nouvelle, — de savoir si l'on doit les porter longues ou courtes, lâches ou serrées : César les portait traînantes et lâches; mais on a fait de grands pas depuis César! C'est là qu'on dispute sérieusement sur le poids des bagues d'hiver, sur la composition du meilleur rouge, sur la plus onctueuse pommade

de fèves pour tendre et adoucir la peau,
sur les plus délicates pastilles de myrte
et de lentisque pétries avec du vin vieux
pour épurer l'haleine ! Les femmes
écoutent en jetant, à la manière des
jongleurs, de leur main droite à leur
main gauche, des boules d'ambre qui
rafraîchissent et parfument à la fois ;
elles applaudissent de la tête, des yeux
et même, de temps en temps, des mains,
les théories les plus savantes et les plus
hasardées; leurs lèvres, relevées par le
sourire, montrent leurs dents blanches
comme des perles; leurs voiles, rejetés
en arrière, laissent voir, formant un
riche contraste avec leurs yeux de jais
et leurs sourcils d'ébène, de magnifiques
cheveux d'un blond ardent, d'un blond
d'or ou d'un blond cendré, selon qu'elles

en ont changé la teinte primitive, soit avec un savon composé de cendre de hêtre et de suif de chèvre qu'elles font venir de la Gaule, soit en usant d'un mélange de lie de vinaigre et d'huile de lentisque, soit, enfin,— ce qui est plus simple encore,— en achetant dans les tavernes du portique Minucius, situé vis-à-vis le temple d'Hercule aux Muses, de splendides chevelures que de pauvres filles de la Germanie vendent au tondeur pour cinquante sesterces, et que celui-ci revend pour un demi-talent.

Et ce spectacle est envieusement regardé par l'homme du peuple à moitié nu, par le petit Grec affamé *qui monterait au ciel pour un dîner*, et par le philosophe au manteau râpé et à la bourse vide, qui y prend un texte de discours contre le luxe et contre la richesse.

Et tous, couchés, assis, debout, allant, venant, se dandinant tantôt sur une jambe, tantôt sur l'autre, levant les mains pour faire retomber leurs manches et montrer leurs bras épilés à la pierre ponce, rient, aiment, jasent, grasseyent en parlant, fredonnent des chansons de Cadix ou d'Alexandrie, oubliant ces morts qui les écoutent, qui les appellent ; se jetant des fadaises dans la langue de Virgile, échangeant des calembours dans l'idiome de Démosthènes, parlant grec surtout, — car, le grec, c'est la véritable langue de l'amour, et une courtisane qui ne saurait pas dire à ses amants dans la langue de Thaïs et d'Aspasie : Ζωή καί ψυχή (*ma vie et mon* âme), cette courtisane ne serait qu'une fille bonne pour des soldats marses aux sandales et aux boucliers de cuir.

Cent cinquante ans plus tard, le faux Quintilien saura ce qu'il en coûte de ne pas savoir parler grec !

Et, cependant, c'était pour donner des loisirs, des monuments, des spectacles et du pain à cette foule vaine et insensée, à ces jeunes gens aux têtes légères, à ces femmes aux cœurs frelatés, à ces fils de famille qui laissent leur santé dans les lupanars et leurs bourses dans les tavernes, à ce peuple oisif et paresseux — parce que, avant tout, il est italien, — mais hargneux comme s'il était anglais, fier comme s'il était espagnol, querelleur comme s'il était gaulois, à ce peuple qui passe sa vie à se promener sous les portiques, à discourir dans les bains, à battre des mains dans les cirques ; c'est pour ces jeunes gens, pour ces femmes, pour ces fils de famille, pour ce peuple que Virgile, le doux cygne mantouan, le poëte chrétien de cœur, sinon d'éducation, chante le bonheur champêtre, maudit l'ambition républicaine, flétrit l'impiété des guerres civiles, et prépare le plus beau et le plus grand poëme qui aura été fait depuis Homère, — et qu'il brûlera, le trouvant indigne, non-seulement de la postérité, mais encore de ses contemporains ! C'est pour eux, c'est pour revenir vers eux qu'Horace fuit à Philippes, et, afin de courir plus légèrement, jette son bouclier bien loin derrière lui ; c'est pour être regardé et nommé par eux qu'il se promène distrait au Forum, au champ de Mars, au bord du Tibre, tout occupé de ce qu'il appelle des bagatelles : ses *Odes*, ses *Satires*, et son *Art poétique!* C'est à eux, et dans le profond regret qu'il éprouve d'être séparé d'eux, que le libertin Ovide, exilé depuis cinq ans déjà chez les Thraces, où il expie le plaisir — si facile cependant — d'avoir été un instant l'amant de la fille de l'empereur, ou le dangereux hasard d'avoir surpris le secret de la naissance du jeune Agrippa ; c'est à eux qu'Ovide adresse ses *Tristes*, ses *Pontiques* et ses *Métamorphoses ;* c'est pour se retrouver au milieu d'eux qu'il supplie Auguste, et qu'il suppliera Tibère, de le laisser revenir à Rome ; c'est eux qu'il regrettera lorsque, loin de la patrie, il fermera les yeux en embrassant d'un même regard, de ce regard suprême qui voit tout, et les splendides jardins de Salluste, et le pauvre quartier de Suburre, et le Tibre aux eaux majestueuses, où César a failli se noyer en luttant contre Cassius, et le ruisseau boueux du Velabre, près duquel s'étendait le bois sacré, retraite de la louve latine et berceau de Romulus et Rémus! C'est pour eux, c'est pour conserver leur amour, changeant comme une journée d'avril, que Mécène, le descendant des rois d'Étrurie, l'ami d'Auguste, le voluptueux Mécène, qui ne marche à pied qu'appuyé aux épaules de deux eunuques plus hommes que lui, paye le chant de ses poëtes, les fresques de ses peintres, les parades de ses comédiens, les grimaces du mime Pylade, les entrechats du danseur Bathylle! C'est pour eux que Balbus ouvre un théâtre, que Philippe élève un musée, que Pollion construit des temples. C'est à eux qu'Agrippa distribue gratis des billets de loterie qui gagnent des lots de vingt mille sesterces, des étoffes du Pont brodées d'or et d'argent, des meubles incrustés de nacre et d'ivoire; c'est pour eux qu'il établit des bains dans lesquels on peut rester depuis le moment où le jour se lève jusqu'à l'heure où le soleil se couche; des bains où l'on est rasé, parfumé, frotté, désaltéré, nourri aux frais du maître; c'est pour eux qu'il creuse trente lieues de canaux, qu'il bâtit soixante-sept lieues d'aqueducs, qu'il amène par jour à Rome une masse d'eau de plus de deux millions de mètres cubes, et la distribue dans deux cents fontaines, dans cent trente châteaux d'eau, dans cent soixante-dix bassins! C'est pour eux, enfin, c'est pour leur changer en marbre la Rome de brique, c'est pour leur faire venir des obélisques d'Égypte, c'est pour leur bâtir des forums, des basiliques, des théâtres, qu'Auguste, le sage empereur, fait fondre sa vaisselle d'or, ne garde, de la dépouille des Ptolémées, qu'un vase murrhin; du patrimoine de son père Octavius, de l'héritage de son oncle César, de la défaite d'Antoine, de la conquête du monde, que cent cinquante millions de sesterces (trente millions de nos francs); c'est pour eux qu'il refait la voie Flaminia jusqu'à Rimini; c'est pour eux qu'il appelle de la Grèce des bouffons et des philosophes; de Cadix, des danseurs et des danseuses; de la Gaule et de la Germanie, des gladiateurs; de l'Afrique, des boas, des hippopotames, des girafes, des tigres, des éléphants et des lions; c'est à eux, enfin, qu'il dit en mourant : « Êtes-vous contents de moi, Romains? ai-je bien joué mon rôle d'empereur?... Oui?... Alors, applaudissez! »

Voilà ce que c'était que la via Appia, Rome et les Romains du temps d'Auguste; — mais, à l'époque où nous sommes parvenus, c'est-à-dire au jeudi saint de l'année 1469, les choses et les hommes étaient bien changés! Les empereurs avaient disparu, emportés par le vertige même de l'empire; le colosse romain, qui couvrait de sa base gigantesque le tiers du monde connu, s'était écroulé. Malgré l'enceinte d'Aurélien, Rome avait été prise par qui avait voulu la prendre, par Alaric, par Genseric, par Odoacre, et avait vu les barbares, à force d'entasser ruines sur ruines, hausser de vingt pieds la surface de son sol; enfin, dévastée, pillée, éventrée, elle avait été donnée, avec son duché, au pape Étienne II, par Pépin le Bref; donation qui avait été confirmée par Charlemagne. La croix, si longtemps humble et fugitive, avait, fière et conquérante à son tour, couronné successivement le panthéon d'Agrippa, la colonne Antonine, et le faîte du Capitole.

Alors, du fronton de la basilique de

Saint-Pierre, la puissance spirituelle du souverain pontife avait pris son vol sur l'univers : elle s'étendait, au nord, jusqu'à l'Islande ; à l'orient, jusqu'au Sinaï ; au sud, jusqu'au détroit de Gibraltar ; à l'occident, jusqu'au cap le plus avancé de la Bretagne, poupe du vaisseau européen, contre laquelle viennent se briser les flots de l'Atlantique, poussés par les flots de l'Océan, que poussent eux-mêmes les flots de la mer des Indes. — Mais le pouvoir temporel des papes, renfermé dans Rome, que lui disputent pied à pied les terribles condottieri du moyen âge, se brise contre le théâtre de Marcellus, et recule devant l'arc de Trajan.

Or, c'est justement à cet arc de Trajan que commence la via Appia.

Qu'est-elle devenue, au milieu de ces révolutions des empires, au milieu de ces invasions des barbares, au milieu de cette transformation du genre humain? qu'est-elle devenue, la grande Appia, la reine des routes, l'avenue des champs Élyséens? et pourquoi surtout inspire-t-elle une si grande terreur, que les populations épouvantées se détournent d'elle, et créent un chemin à travers la plaine, pour ne pas suivre son pavé de lave, et pour éviter la double ligne de ses tombeaux croulants?

C'est que, de même que les oiseaux de carnage, aigles, vautours, gerfauts, milans et faucons, — des hommes de proie, les Frangipani, les Gaëtani, les Orsini, les Colonna et les Savelli, se sont emparés des tombeaux en ruines, en ont fait des forteresses, et ont planté au sommet leurs bannières, non pas de chevaliers, mais de bandits et de pillards.

Et, cependant, — chose étrange et que ne peuvent comprendre les soldats eux-mêmes veillant sur la tour Fiscale, et auxquels il est défendu, vu la solennité du jour, de faire aucune sortie dans la plaine, — tandis que les autres pèlerins continuent, avec le même soin, à s'écarter de la voie antique, un homme s'avance seul, à pied, désarmé, sans se déranger de son chemin, vers la tour Fiscale, sentinelle avancée de cette longue ligne de forteresses.

Les soldats se regardent étonnés, et se demandent entre eux :

— D'où vient cet homme? Où va-t-il? Que veut-il?

Puis ils ajoutent en riant et en hochant la tête d'un air de menace :

— Assurément, il est fou!...

D'où vient cet homme : nous allons le dire. Où il va : nous le verrons bientôt. Ce qu'il veut : nous le saurons plus tard.

LE VOYAGEUR.

Cet homme venait ou paraissait venir de Naples.

Au point du jour, il avait été vu sortant de Genzano. Avait-il couché dans ce village ? avait-il marché toute la nuit, et traversé les marais Pontins pendant ces heures sombres où la fièvre et les bandits veillent dans l'humide solitude ?

Nul ne le savait.

Il suivit la route qui mène de Genzano à la Riccia ; peu à peu, cette route se peupla de paysans et de paysannes faisant le même chemin que lui,— car il semblait, lui aussi, aller à Rome, et, comme eux, y aller dans le même but : celui de recevoir la grande bénédiction.

Cependant, contre l'habitude des pèlerins accomplissant le même pèlerinage, il ne parla à personne, et personne ne lui parla ; il marchait d'un pas plutôt rapide que lent, de ce pas égal qu'adoptent les voyageurs qui ont une longue route à faire, et dont la régularité indique l'homme qui, par des courses réitérées, a contracté une parfaite habitude de la marche.

A la Riccia, la plupart des paysans firent une halte, les uns saluant d'un bonjour souriant leurs amis ou même leurs simples connaissances, les autres se groupant à la porte des cabarets pour boire un verre de vin de Velletri ou d'Orvietto.

Lui ne salua personne, ne prit rien, et continua sa route.

Il arriva à Albano, où s'arrêtent presque toujours les voyageurs, si pressés qu'ils soient. Il y avait, à cette époque surtout, bien des ruines curieuses à visiter dans cette filleule d'Albe la Longue, qui a pris naissance au milieu de la villa de Pompée, et qui, de ses huit cents maisons et de ses trois mille habitants, ne remplit pas les vastes constructions que l'empereur Domitien a fait ajouter à la villa du vainqueur de Silare, du vaincu de Pharsale.

Lui ne s'arrêta point.

A droite, en sortant d'Albano, il avait rencontré le tombeau d'Ascagne, fils d'Énée, fondateur d'Albe, situé à une lieue à peu près du tombeau de Telegonus, fils d'Ulysse, fondateur de Tusculum. Dans ces deux villes, et dans ces deux hommes, descendant de deux races ennemies, les deux nationalités asiatique et grecque étaient venues se personnifier en Europe. Sous les anciens rois de Rome, comme sous la république romaine, les deux villes étaient restées rivales et les deux populations hostiles : Le duel que les pères avaient commencé devant Troie s'était continué à Rome entre les enfants ; les deux principales maisons d'Albe et de Tusculum étaient la maison Julia, d'où sortait César, et

la maison Porcia, d'où sortait Caton.
On connaît la lutte terrible de ces deux
hommes; après plus de mille ans de
durée, le duel de Troie se termina à
Utique : — César, descendant des vaincus, vengea Hector sur Caton, descendant des vainqueurs.

Certes, c'étaient là de grands souvenirs faisant naître de hautes pensées, et
méritant bien qu'un voyageur s'arrêtât
un instant, ne fût-ce que debout, en face
de la tombe du fils d'Énée; mais l'é-
tranger ignorait sans doute toutes ces
choses, ou les jugeait indignes de ses
méditations, car il passa devant le tombeau d'Ascagne sans même le saluer
d'un regard.

Et, ce qu'il y avait de remarquable
encore, c'est qu'avec une indifférence

ou un dédain aussi profond, il avait laissé derrière lui le temple de Jupiter Latial, dans lequel le touriste superficiel ne voit qu'une ruine pareille aux autres ruines, mais où l'historien, plus clairvoyant, reconnaît le centre créé par Tarquin pour mettre la civilisation latine à l'ombre de la civilisation romaine.

Aussi ceux qui suivaient la même route que le muet et infatigable voyageur, ceux qui avaient d'abord cru marcher plus vite que lui, ou tout au moins du même pas, et qui se voyaient insensiblement dépassés par lui, ceux-là le regardaient-ils avec un suprême étonnement, presque avec terreur. On eut dit que cet homme appartenait à une autre race que celle au milieu de laquelle il se trouvait poussé par une invincible fatalité, et qu'il n'avait rien à démêler avec elle. Il passait à travers les flots humains comme le Rhône passe à travers le lac de Genève, sans mêler son eau trouble et glacée à l'onde tiède et limpide du Léman.

Cependant, arrivé au sommet de la montagne d'Albano, à l'endroit où Rome, la Campagne romaine et la mer Thyrénienne, non-seulement se présentent tout à coup aux yeux du voyageur, mais encore semblent venir au-devant de lui, il s'arrêta un instant pensif, et, appuyant ses deux mains sur son long bâton de laurier, il embrassa d'un regard le merveilleux tableau qui se déroulait sous ses yeux.

Mais sur sa physionomie se répandait

plutôt le sentiment d'un homme qui revoit et qui se rappelle que celui d'un homme qui voit pour la première fois et qui s'étonne.

Profitons de ce moment pour jeter un coup d'œil sur lui, et pour mettre, par la forme extérieure du moins, le mystérieux inconnu en communication avec nos lecteurs.

C'était un homme de quarante à quarante-deux ans, d'une taille plutôt élevée que moyenne; son corps maigre et osseux semblait fait à toutes les fatigues et prêt à tous les dangers. Il portait pour tout vêtement, avec un manteau bleu jeté sur son épaule, une tunique grise qui laissait voir ses bras robustes et ses jambes aux muscles d'acier; les sandales dont ses pieds étaient chaussés

semblaient avoir secoué la poudre de
bien des routes, et soulevé la poussière
de bien des générations.

Il avait la tête nue.

Cette tête, brunie par le soleil et fouettée par le vent, était surtout la partie remaquable du voyageur inconnu ; elle présentait, dans toute sa beauté, dans toute sa puissance, dans toute son expansion, le type de la race semitique : l'œil était grand, profond, expressif, et, selon que le sombre sourcil qui le couvrait s'abaissait en l'ombrageant, ou se relevait en l'éclairant, voilé de mélancolie ou éclatant d'un feu sombre ; le nez, vigoureusement attaché au front, se prolongeait droit et mince dans sa ligne primitive, mais se recourbait à son extrémité comme le bec des grands oiseaux du proie. Autant qu'on pouvait en juger à travers les poils d'une longue barbe noire, la bouche relevée dédaigneusement ou douloureusement aux deux coins, était grande, belle de forme, riche de dents blanches et aiguës; la chevelure, abandonnée à toute sa longueur et noire comme la barbe, retombait jusque sur les épaules, pareille à celle des empereurs barbares qui régnèrent sur Rome, ou de ces rois francs qui firent invasion dans les Gaules, et, de son cercle d'ébène, encadrait admirablement le visage, sous le bruni duquel la peau avait conservé quelque chose de la fermeté et de l'éclat du cuivre rouge; quant au front, il était complétement couvert par les cheveux, et à peine un faible intervalle séparait-il leur extrémité de la naissance des sourcils; intervalle, au reste, qui semblait ménagé exprès pour laisser voir une de ces rides profondes que la pensée creuse au front de ceux qui ont longtemps et beaucoup souffert.

Ainsi que nous l'avons dit, cet homme s'arrêta un instant au haut de la montagne, et, comme il était placé juste au milieu de la route, le flot des pèlerins qui le suivaient, s'écartant de lui, se sépara en deux branches, comme le torrent qui descend de la montagne dans la plaine, et qui, au sommet de la cataracte qu'il forme, rencontre un inébranlable rocher.

Et, cependant, à cette heure du jour, à la clarté matinale de ce jeune et joyeux soleil d'avril, l'aspect de cet homme, arrêté ainsi pensif, debout et immobile, n'était que sévère; seulement, on comprenait que la nuit, au milieu d'une tempête, quand ses longs cheveux noirs, quand son grand manteau bleu étaient fouettés par la bise, et que, malgré la nuit, malgré la tempête, malgré la bise, illuminé par la lueur des éclairs, il continuait, de son pas rapide et régulier, son chemin à travers l'épaisseur des bois, la nudité des landes ou les escarpements des bords de la mer, pareil au génie des forêts, au démon des bruyères ou à l'esprit de l'Océan, on comprenait que l'aspect de cet homme devait être terrible.

Et c'était cet instinct de l'épouvante qui écartait les paysans du sombre voyageur.

Au reste, placé comme nous l'avons dit, le dos tourné à l'orient, le visage faisant face à l'occident, il avait, à sa droite, cette grande chaîne de collines que termine le Soracte, et qui enferme toute la première période des conquêtes de Rome dans ce bassin, espèce de cirque, où se sont débattues et ont succombé tour à tour les nationalités falisque, œque, volsque, sabine et hernique ; à sa gauche, toute la mer de Thyrène, parsemée d'îles bleuâtres pareilles à des nuages qui, sur la route de l'éternité, eussent jeté l'ancre dans les profondeurs du ciel ; enfin, à trois lieues devant lui, à l'autre extrémité de la voie Appienne, toute hérissée de tours du onzième, du douzième et du treizième siècle, dans une ligne parfaitement directe, s'élevait

Rome, car les voies antiques n'admettaient pas les déviations, et elles marchaient d'un pas inflexible, jetant des ponts sur les fleuves, éventrant les montagnes, comblant les vallées.

Le voyageur demeura ainsi quelques minutes.

Puis, après avoir parcouru des yeux l'immense horizon, rendu plus immense encore par deux mille ans de souvenirs, il passa lentement sa main sur son front, leva au ciel un regard où luttaient la supplication et la menace, poussa un profond soupir, et continua son chemin.

Seulement, quand il fut parvenu à l'embranchement des deux routes, au lieu de s'écarter à droite comme tout le monde, au lieu d'éviter ces aires d'aigles, ces nids de vautours qui faisaient la terreur de la contrée, au lieu d'entrer enfin à Rome par la porte Saint-Jean de Latran, sans paraître hésiter, sans paraître craindre, sans paraître même se douter qu'il existât pour lui un danger quelconque à faire ce qu'il faisait, il marcha droit vers la tour Fiscale, au sommet de laquelle flottait la bannière des Orsini, ces belliqueux neveux du pape Nicolas III.

C'était alors que le soldat en sentinelle au haut de la tour avait remarqué cet homme qui se séparait de la foule pour suivre une route que personne ne suivait, et qui, du même pas, toujours s'avançait, seul, sans armes et aussi indifférent, en apparence, à ceux qu'il laissait derrière lui qu'à ceux qu'il avait devant lui.

Le soldat appela un de ses camarades et lui montra le voyageur. L'audace était telle, que le second soldat appela les autres; si bien qu'au bout d'un instant, et tandis que l'étranger se rapprochait de plus en plus, le rempart se trouva garni d'une douzaine de curieux pour lesquels aucun spectacle ne pouvait être plus extraordinaire que celui d'un homme qui venait chercher avec tant d'insouciance un danger que le plus brave aurait fui.

C'est qu'à cette époque de guerres, de pillages et d'incendies qui ont fait de la Campagne de Rome ce sombre et poétique désert qu'elle offre encore aujourd'hui, tout soldat était un bandit et tout capitaine un chef d'assassins.

On eût dit que, depuis ces effroyables

pestes du onzième et du douzième siècle, qui avaient enlevé au monde un tiers de sa population ; on eût dit que, depuis ces grandes migrations de peuples européens qui, faisant pendant à l'invasion arabe, étaient allés semer deux millions d'hommes dans les plaines de la Syrie, au pied des murs de Constantinople, sur les bords du Nil et autour du lac de Tunis ; on eût dit, répétons-nous, que la race humaine, craignant de devenir trop nombreuse et de ne plus trouver sa place sur la surface du globe, avait décidé de se faire une guerre incessante, acharnée, mortelle. Pendant tout le quinzième siècle particulièrement, le monde chrétien sembla avoir élu une reine à la couronne de cyprès, au sceptre sanglant, au trône parsemé de larmes, tenant sa cour au milieu d'un vaste ossuaire, et s'appelant la Destruction. L'Italie était son empire, le monde son campo-santo. Il semblait alors, et pendant toute cette époque d'épouvante, que la vie de l'homme n'eût conservé aucune valeur, et eût cessé de peser d'aucun poids dans cette balance que Dieu a mise à la main droite de la Destinée. Au reste, l'examen que subissait, sans paraître s'en douter, et au fur et à mesure qu'il s'avançait, le voyageur mystérieux, ne lui était pas favorable, nous devons l'avouer. Sa mise étrange et qui n'avait aucune analogie avec le costume de l'époque, sa tunique grise frangée par la vieillesse, cette corde qui nouait ses reins, cette tête nue, ces bras nus, ces jambes nues; enfin, cette absence d'armes, qui, mieux encore que le reste, indiquait l'homme de vile condition, tout cela fit que les soldats, croyant voir en lui un mendiant, un vagabond, un lépreux peut-être, ne pensèrent pas devoir le laisser trop s'avancer, et, dès qu'il fut à la portée de la voix, après s'être fait les uns aux autres les questions que nous avons dites, et auxquelles personne ne répondit, invitèrent la sentinelle à remplir son devoir de vigilance.

La sentinelle, qui attendait ce moment avec autant d'impatience que ses camarades, ne se le fit pas répéter, et cria :

— Qui vive?

Mais, soit qu'il n'entendît point, soit que sa préoccupation l'emportât sur tout autre sentiment, même sur celui du danger qu'il courait, le voyageur ne répondit pas.

Les soldats se regardèrent avec une surprise croissante ; et, d'une voix plus forte, après quelques secondes d'intervalle, la sentinelle jeta ce même cri à travers l'espace :

— Qui vive ?

Le voyageur ne répondit pas plus à ce second cri qu'il n'avait répondu au premier, et poursuivit son chemin vers la tour.

Les soldats se regardèrent de nouveau, tandis que le factionnaire commençait à rire d'un rire sinistre en allumant la mèche de son arquebuse. En effet, le silence gardé une troisième fois par l'imprudent voyageur, et il allait être permis au soldat d'essayer son adresse sur une cible vivante.

Cependant, à cause de la sainteté du jour probablement, et afin de mettre sa conscience à couvert, le soldat enfla ses poumons de tout l'air qu'ils pouvaient contenir, et, une troisième fois, cria :

— Qui vive?

Cette fois, pour ne pas répondre, il fallait que le voyageur fût muet ou sourd.

Les soldats s'arrêtèrent à cette hypothèse qu'il était sourd ; car, muet seulement, il eût pu répondre par un signe de la tête ou de la main, et, ce signe, il ne daigna même point le faire.

Mais, comme il n'était aucunement défendu de tirer sur les sourds, tandis que, au contraire, il était expressément recommandé de tirer sur ceux qui ne répondaient pas, le soldat, après avoir loyalement et généreusement donné au voyageur quelques secondes pour réfléchir et peut-être aussi pour que, en réfléchissant, il se rapprochât d'une dizaine de pas et lui offrît un but plus facile, le soldat porta la crosse de son arquebuse à son épaule, abaissa le canon de l'arme dans la direction du voyageur, et, au milieu du silence et de l'attentive curiosité de ses camarades, appuya sur le ressort, et fit feu.

Par malheur, au moment où la mèche s'abaissait vers le bassinet, un bras étranger se glissa entre les soldats, releva le canon de l'arme, qui dévia de la direction, et le coup partit en l'air.

Le soldat se retourna furieux, croyant avoir affaire à l'un de ses camarades, et s'apprêtant à venger sur lui sa balle perdue.

Mais à peine eut-il reconnu celui qui venait de faire l'acte d'autorité que nous avons dit, que l'expression de colère déjà répandue sur son visage se changea immédiatement en expression d'obéissance et d'humilité, tandis que le juron commencé s'achevait par cette exclamation de surprise :

— Monseigneur Napoleone !...

Et, en même temps que la sentinelle reculait de deux pas, les autres condottieri s'écartaient pour faire place à un jeune homme de vingt-cinq à vingt-six ans qui venait d'apparaître sur la plate-forme, et s'était approché du groupe sans en être aperçu.

Ce jeune homme, sur le visage duquel il était facile de reconnaître le type italien dans toute sa finesse, dans toute sa force, dans toute sa mobilité, était élégamment vêtu d'un costume de guerre dont il ne portait, au reste, pour le moment, que ces pièces légères que le capitaine du quinzième siècle ne quittait presque jamais, c'est-à-dire le gorgerin d'acier, le justaucorps de mailles comme armes défensives, et l'épée et le poignard comme armes offensives ; une espèce de casquette de velours, à retroussis de brocart et à visière allongée, couvrait et, en même temps, protégeait sa tête; car, entre cette riche étoffe et la non moins riche doublure, le chapelier ou plutôt l'armurier avait eu le soin de placer une calotte de fer à l'épreuve d'un premier coup d'épée ; enfin, de longues bottes de buffle doublées de peluche, qui pouvaient au besoin monter jusqu'à mi-cuisses, et qui, pour le moment, étaient rabattues jusqu'au-dessous du genou, complétaient ce costume, adopté d'ailleurs, à peu de variété près, par la plupart des cavaliers et des chefs de bandes de l'époque.

En outre, une longue chaîne d'or pendante à son cou, et qui supportait un médaillon dans lequel étaient sculptés doux écussons accolés où brillaient sur émail les armes du pape et de la papauté, indiquait que ce jeune homme occupait une charge considérable près du souverain pontife.

En effet, c'était Napoleone Orsini,

fils de Carlo Orsini, comte de Tagliacozzo, que Sa Sainteté le pape Paul II venait, quoiqu'il n'eût pas encore atteint sa trentième année, de nommer gonfalonier de l'Église, et que la noblesse de ses aïeux, la grandeur de sa personne et la magnificence de ses goûts, rendaient plus digne que tout autre d'occuper cette place.

Il était, alors, le principal représentant de cette grande famille Orsini qui tenait, dès le onzième siècle, un rang distingué dans la société romaine, famille qui était tellement dans la faveur de Dieu, qu'elle mérita que saint Dominique fît pour elle son premier miracle. En effet, un Napoleone Orsini, se rendant le jour du jeudi saint de l'année 1217, à la tour Fiscale, — qu'il tenait déjà à cette époque, et que, comme on vient de le voir, tenait encore son descendant, — il fut renversé de son cheval devant la porte du monastère de Saint-Sixte, et se tua sur le coup. Par bonheur, en ce moment même, saint Dominique sortait du couvent; il vit des écuyers, des pages, des serviteurs qui pleuraient autour du corps de leur maître, s'informa de la condition, de l'état du trépassé, et apprit que l'homme qu'il voyait là, couché devant lui, était le fameux Napoleone Orsini, la gloire de Rome, le soutien de l'Église, et alors le plus digne héritier de son nom; le saint s'approcha des serviteurs désolés, et, prenant pitié de ce grand malheur privé, qui, par la condition de celui qui en était victime, devenait un malheur public, il leva la main, et, s'adressant aux gens du défunt :

— Ne pleurez pas, dit-il, car, par la grâce de Dieu, votre maître n'est pas mort.

Et, comme pages, écuyers et serviteurs, ne faisant point attention à ce que disait ce pauvre moine, qu'ils prenaient pour un fou, pleuraient plus fort que jamais en secouant la tête :

— Napoleone Orsini, dit le fondateur de l'inquisition, lève-toi, remonte à cheval, et continue ton chemin... On t'attend à Casa-Rotondo.

Ce que le mort fit à l'instant, au grand étonnement des spectateurs, et à son grand étonnement à lui-même, car il était demeuré privé de vie assez longtemps pour que son âme eût plongé jusqu'au troisième cercle du monde inférieur, et pour que ses os eussent été glacés par le vent humide du sépulcre.

Aussi, en reconnaissance de ce miracle, le Napoleone Orsini du treizième siècle avait-il recommandé, autant toutefois que la chose serait faisable, que tous ceux qui portaient le même nom que lui, leurs soldats, leurs serviteurs, les hommes à leur solde enfin, se gardassent à l'avenir de commettre aucun homicide pendant les vingt-quatre heures de chaque jeudi saint, c'est-à-dire pendant les jours anniversaires de celui où il était mort, et où, par la grâce de Dieu et l'intervention du bienheureux saint Dominique, il avait été ressuscité.

Voilà pourquoi le Napoleone Orsini du quinzième siècle, gonfalonier de l'Église, avait relevé l'arquebuse du soldat au moment où le coup allait partir et lui faire innocemment enfreindre la recommandation de son aïeul.

Soixante ans après la résurrection de Napoleone Orsini, Giovani-Gaëtano Orsini, son fils, avait été élu pape sous le nom de Nicolas III.

Et c'est alors que l'on vit que le miracle de saint Dominique avait été fait pour le plus grand bien de l'Église, puisque ce digne pontife, né un an après la résurrection de Napoleone Orsini, fit rendre par Rodolphe de Hapsbourg, à l'État ecclésiastique, Imola, Bologne, Faënza, et contraignit Charles d'Anjou de renoncer au vicariat de l'Empire en Toscane, et au titre de patrice de Rome.

Au reste, à partir de l'exaltation de

Gaëtano Orsini, la fortune de cette noble famille alla croissant : Remondo Orsini, comte de Lève, acquit la principauté de Tarente; Bertoldo Orsini fut nommé général des Florentins; Antonio-Giovani Orsini, mort depuis dix ans à peine, avait été, pendant cinquante ans, tour à tour un des plus puissants soutiens et des plus terribles adversaires des rois de Naples, à qui il avait deux ou trois fois ôté et rendu la couronne. Enfin, celui que nous venons de mettre en scène, non moins puissant, non moins illustre que ses prédécesseurs, faisait à la fois la guerre aux Colonna de Naples, au comte Frédéric de Montefeltro, duc d'Urbin, et au comte Averso, qui tout récemment avait repris aux Orsini leur fief d'Anguillara; — ce qui ne les empêchait pas de conserver l'anguille de sable dans leurs armes, comme l'Angleterre conservait dans les siennes les fleurs de lys de France, même après avoir perdu Calais.

Or, il était arrivé que, par hasard, le matin même, Napoleone Orsini était venu à sa forteresse de Casa-Rotondo, dont la tour Fiscale était un des ouvrages avancés, car il voulait savoir par lui-même si, comme on le lui avait rapporté, son ennemi personnel, le connétable de Naples, Prospero Colonna, était arrivé à la ville de Bovillœ, située au penchant de la colline d'Albano, à trois quarts de lieue à peine de la tour Fiscale.

Cette ville de Bovillœ était aux possessions des Colonna, qui, par un puissant système de fortifications, s'étendaient à travers Naples jusque dans les Abruzzes, juste ce qu'était Casa-Rotondo aux possessions des Orsini, qui traversaient Rome et allaient, s'enfonçant jusqu'au cœur de la Toscane, mourir au pied des vieilles villes de l'Étrurie.

Nous avons vu comment l'arrivée inattendue du jeune gonfalonier, et son intervention toute-puissante avaient probablement sauvé la vie au voyageur mystérieux qui, soit par indifférence, soit par distraction, avait négligé de répondre aux trois *qui vive* de la sentinelle.

Cependant, le coup de feu fit ce que n'avaient pu faire ces trois *qui vive* : le voyageur à la tunique grise et au manteau bleu leva la tête, et, voyant, au costume de Napoleone Orsini, qu'il se trouvait en face d'un capitaine de distinction :

— Seigneur, lui dit-il en excellent toscan, vous plairait-il d'ordonner à vos soldats que cette porte me soit ouverte ?

Napoleone Orsini regarda avec une attention pleine de curiosité le costume et la physionomie de celui qui lui adressait la parole et, après un moment d'examen :

— Es-tu donc chargé d'un message pour moi, ou désires-tu m'entretenir en particulier? lui demanda-t-il.

—Je ne suis chargé d'aucun message pour vous, et n'ai pas l'orgueil de me croire digne de l'entretien particulier d'un si noble seigneur que vous êtes, répondit le voyageur.

— Que demandes-tu donc alors?

— Je demande le passage, un morceau de pain et un verre d'eau.

— Allez ouvrir à cet homme! dit Napoleone Orsini à l'un de ses écuyers, et, tout pauvre qu'il paraît être, conduisez-le dans la salle d'honneur.

Et, après l'avoir suivi des yeux en se penchant hors du parapet jusqu'à ce qu'il eût disparu sous la voûte de la tour, Napoleone Orsini alla attendre son hôte dans l'appartement où il avait donné ordre de le conduire.

Pendant ce temps, on introduisait l'étranger dans l'intérieur de la forteresse.

Cette forteresse formait, prise dans son ensemble et en comprenant tous les ouvrages qui s'y rattachaient, une enceinte irrégulière dont les trois parties principales étaient la tour Fiscale, construction datant au plus du onzième siècle, un immense tombeau circulaire dont les substructions paraissaient remonter à la fin de la république, et les restes d'une riche villa qui, assurait-on, à cette époque où les études archéologiques étaient moins avancées que de nos jours, avait appartenu à un empereur romain.

Mais auquel des soixante-douze empereurs de Rome, de ses trente tyrans ou de ses dix ou douze tyranneaux cette villa avait-elle appartenu? c'est ce que l'on ignorait. Seulement, comme toujours, un bruit planait sur ces ruines impériales : leur propriétaire couronné y avait, disait-on, enfoui des trésors.

C'était à cause du tombeau circulaire

que la forteresse entière avait pris le nom de Casa-Rotondo.

Toutes ces constructions antiques et modernes pouvaient couvrir un espace de vingt arpents.

Au reste, quoique monseigneur Napoleone Orsini, gonfalonier de l'Église, fût un peu plus lettré que la plupart de ses illustres aïeux et de ses contemporains célèbres; quoique l'on ait de lui des lettres non-seulement signées, mais encore entièrement écrites de sa main, — ce qui dénote un degré d'éducation assez rare chez les nobles condottieri du temps, — les traces de barbarie que le voyageur rencontra sur le court chemin qu'il avait à faire pour se rendre de la porte de la tour à la salle d'honneur n'en étaient pas moins fréquentes. En effet, la triple enceinte de remparts qu'il avait à traverser était bâtie avec les débris de la villa impériale et ceux de la voie Appienne; de sorte qu'à chaque instant, de splendides quartiers de marbre, quelques-uns couverts d'inscriptions renversées, brillaient sur les murailles, incrustés qu'ils étaient dans les pierres grises que fournissent les carrières des environs de Rome; les parapets, de leur côté, étaient semés de masques antiques, de palmes funéraires, de morceaux d'urnes brisées, et de fragments de bas-reliefs; enfin, des statues enterrées jusqu'à mi-corps servaient de borne à attacher les chevaux, et, souvent, pour plus de commodité, on leur avait brisé les deux jambes, et on les avait enfoncées dans la terre la tête en bas.

Il est vrai que, de temps en temps, d'immenses excavations, ressemblant à des fouilles archéologiques, eussent pu faire croire à un observateur superficiel que monseigneur Napoleone Orsini était à la recherche de quelque merveille de l'art étrusque, grec ou romain; mais, comme, parmi les débris tirés de ces fouilles, et à moitié ensevelis dans la terre amoncelée, se trouvaient des portions de statues, de bas-reliefs ou de chapiteaux qui eussent fait de nos jours la joie d'un Visconti ou d'un Canina, et que ces fragments restaient abandonnés et gisants, on pouvait penser avec juste raison que ces excavations avaient été faites dans un but un peu moins artistique, et dans une espérance un peu plus cupide.

Au reste, le voyageur ne tourna la tête ni à droite ni à gauche ; sans doute, — et il était impossible qu'il en fût autrement, — sans doute vit-il ces fouilles, et reconnut-il ces dévastations ; mais elles ne produisirent, en apparence, du moins, aucune impression sur lui : morne et impassible, il semblait avoir vécu toute sa vie au sein de la destruction, au milieu des ruines.

CASA-ROTONDO.

Arrivé à la salle d'honneur, dont la porte s'ouvrit devant lui à deux battants, le voyageur trouva la table servie et l'attendant : seulement, au lieu de l'humble repas qu'il avait demandé à titre d'aumône, la magnifique hospitalité de monseigneur Orsini lui avait fait servir un véritable festin, lequel, malgré la solennité du jour et la rigueur du rituel sacré, se composait de venaisons fraîches et fumées, et des meilleurs poissons qui se pêchent le long de côtes d'Ostia.

Les vins les plus exquis de l'Italie, enfermés dans des hanaps et dans des aiguières aux montures d'argent et d'or, étincelaient à travers le cristal de Venise comme des rubis liquides ou des topazes fondues.

L'inconnu s'arrêta sur le seuil de la porte, sourit et secoua la tête.

Napoleone Orsini l'attendait debout près de la table.

—Entrez, entrez, mon hôte, dit le jeune capitaine, et, telle qu'il vous l'offre, acceptez l'hospitalité du soldat : si, comme mon illustre ennemi Prospero Colona, j'étais l'allié et l'ami du roi Louis XI, au lieu de nos vins épais et pâteux d'Italie, je vous offrirais les plus délicieux vins de France; mais je suis un véritable Italien, un guelfe pur sang, et vous voudrez bien mettre ma misère sur le compte des jours de jeûne et d'abstinence dans lesquels nous sommes entrés depuis le commencement de la sainte semaine. Et cela étant dit, mes excuses étant faites, asseyez-vous, mon hôte; buvez et mangez.

Le voyageur se tenait toujours au seuil de la porte.

—Je reconnais bien là, dit-il, ce que l'on m'avait raconté de la fastueuse hospitalité du noble gonfalonier de l'Église: il reçoit un pauvre mendiant comme il recevrait son égal; mais je sais rester à la place qui sied à un malheureux pèlerin ayant fait vœu de ne boire que de l'eau, de ne manger que du pain, de ne prendre ses repas que debout jusqu'au moment où il aura reçu de notre saint-père le pape l'absolution de ses péchés.

— Eh bien! alors, c'est un hasard qui vous a conduit ici, mon maître, répondit le jeune capitaine, car, en cela encore, je puis vous être de quelque utilité. Je ne suis pas tout à fait sans crédit sur Paul II, et, ce crédit, je le mets avec une grande joie à votre disposition.

— Merci, monseigneur, répondit l'inconnu en s'inclinant; mais, par malheur, la chose doit venir de plus haut encore.

— Vous dites? demanda Orsini.

— Je dis qu'il n'y a pas de crédit humain assez grand pour obtenir du souverain pontife le pardon que je sollicite; ce qui fait que je m'en rapporte sur ce point à la miséricorde du Seigneur, qui est infinie, — à ce qu'on assure du moins,

A ces derniers mots, une espèce de sourire dans lequel étaient mêlés l'ironie et le dédain sembla passer, malgré lui, sur les lèvres du voyageur.

— Agissez ainsi qu'il vous conviendra, mon hôte, dit Orsini; refusez ma recommandation ou acceptez-la ; faites honneur à mon dîner tout entier tel que je vous l'offre, ou n'en prenez qu'un verre d'eau et un morceau de pain; faites votre repas copieux ou frugal, assis ou debout; vous êtes chez vous, vous êtes le maître, et je ne suis que le premier de vos serviteurs; seulement, franchissez ce seuil, où vous vous êtes arrêté : il me semble que vous n'êtes pas sous mon toit, tant que vous êtes de l'autre côté de cette porte.

Le voyageur s'inclina et s'approcha de la table d'un pas lent et grave.

— J'aime à voir, monseigneur, dit-il en rompant un morceau de pain et en remplissant un verre d'eau, avec quelle piété vous accomplissez le vœu de votre aïeul Napoleone Orsini ; je croyais pourtant que, pendant toute cette sainte journée où nous sommes, il se contentait de vous défendre l'homicide, mais n'allait pas jusqu'à vous recommander ensemble deux vertus aussi opposées et aussi difficiles à pratiquer à la fois que la magnificence et l'humilité.

— Aussi, répondit Orsini regardant son hôte avec une curiosité croissante, est-ce ma propre inspiration que je suis, et non le vœu de mon aïeul, en me faisant tout à la fois humble et magnifique vis-à-vis de vous; mais il me semble — et remarquez bien que je ne vous demande pas votre secret, — il me semble, malgré les haillons dont vous êtes couvert, qu'en vous parlant, je parle à quelque prince proscrit, à quelque roi détrôné, à quelque empereur allant en pèlerinage à Rome, comme Frédéric III de Souabe ou Henri IV d'Allemagne.

Le voyageur secoua la tête avec mélancolie.

— Je ne suis ni un prince, ni un roi, ni un empereur, répondit-il; je suis un pauvre voyageur dont la seule supériorité sur les autres hommes est d'avoir vu beaucoup de choses... Puis-je, par le peu d'expérience que j'ai acquise, vous payer l'hospitalité que vous m'offrez si généreusement?

Orsini fixa sur l'inconnu qui lui faisait cette offre, dont il paraissait disposé à profiter, un regard profond et investigateur.

— En effet, dit-il, je renonce à ma première idée de chercher sur votre tête nue la couronne absente; en y regardant mieux, je trouve que vous avez plutôt l'air de quelque mage d'Orient parlant toutes les langues, instruit dans toutes les histoires, savant dans toutes les sciences; je crois donc que, si vous le vouliez bien, vous liriez dans les cœurs aussi facilement que dans les livres, et que, si je désirais quelque chose de vous, vous devineriez ce désir sans que j'eusse besoin de vous l'exprimer.

Et, comme si un désir secret passait, en effet, au fond du cœur du jeune capitaine, ses yeux étincelaient en regardant son hôte.

— Oui, oui, dit celui-ci, semblant se parler à lui-même, vous êtes jeune et vous êtes ambitieux... Vous vous appelez Orsini : il en coûte à votre orgueil qu'il y ait près de vous, autour de vous, dans le même temps que vous, des hommes qui s'appellent Savelli, Gaëtani, Colonna, Frangipani; vous voudriez dominer tout ce monde de rivaux par votre luxe, votre magnificence, votre richesse, comme vous vous sentez capable de le dominer par votre courage... Vous avez à votre solde, non pas une simple garde, mais une véritable armée;

vous avez non-seulement des condottieri étrangers, non-seulement des Anglais, des Français, des Allemands, mais encore toute une troupe de vassaux composée de vos fiefs de Bracciano, de Cervetri, d'Auriolo, de Citta-Rello, de Vicovaro, de Rocca-Giovine, de Santogemini, de Trivelliano... que sais-je, moi? Tout cela pille, vole, brûle, ruine, incendie les propriétés de vos ennemis; mais, en même temps, épuise les vôtres; de sorte que vous vous apercevez, à la fin de chaque année, quelquefois même à la fin de chaque mois, que ces quatre ou cinq mille hommes que vous nourrissez, que vous habillez, que vous soldez, coûtent plus qu'ils ne rapportent, et qu'il vous faudrait, n'est-ce pas, monseigneur? les revenus du roi Salomon ou le trésor du sultan Haroun al Raschid pour faire face à ces effroyables dépenses!

— Je le disais bien, que tu étais un mage, s'écria Orsini en riant, mais en cachant sous ce rire une espérance; je le disais bien, que tu possédais toutes les sciences, comme ce fameux Nicolas Flamel dont il a été si grandement question au commencement de ce siècle; je le disais bien... que, si tu voulais...

Il s'interrompit hésitant à achever.

— Eh bien? demanda le voyageur.

— Que, si tu voulais... comme lui... tu ferais...

Et il s'arrêta de nouveau.

— Que ferais-je? voyons.

Orsini s'approcha du voyageur, et, lui passant la main sur l'épaule :

— Tu ferais de l'or ! lui dit-il.

L'inconnu sourit; la question ne l'étonnait point : la constante préoccupation de l'alchimie, cette mère aveugle de la chimie, fut, pendant tout le quinzième siècle et une partie du seizième, de faire de l'or.

— Non, répondit-il, je ne saurais pas faire de l'or.

—Et pourquoi cela, s'écria naïvement Orsini, puisque tu sais tant de choses?

Parce que l'homme ne peut et ne pourra jamais faire que des matières composées et secondaires, tandis que l'or est un corps simple, une matière primitive; personne n'a jamais fait, personne ne fera jamais de l'or : il faut, pour faire de l'or, Dieu, la terre et le soleil!

—Oh ! que dis-tu donc là, mauvais prophète ? dit Napoleone Orsini, tout désappointé, on ne peut pas faire de l'or ?

—On ne le peut pas, répondit le voyageur.

— Tu te trompes! s'écria Orsini, comme s'il ne voulait pas renoncer absolument à un espoir longtemps caressé.

—Je ne me trompe pas, reprit froidement le voyageur.

—Ainsi tu dis qu'on ne peut pas faire de l'or ?

On ne peut pas faire de l'or, répéta l'inconnu ; mais, ce qui revient à peu près au même, on peut découvrir celui qui a été enterré.

Le jeune capitaine tressaillit.

—Ah ! tu crois cela! s'écria-t-il en

saisissant vivement l'inconnu par le bras;
eh bien! sais-tu ce que l'on prétend?

Le voyageur regarda Orsini, mais resta muet.

— On prétend, continua Orsini, qu'il y a des trésors enterrés dans cette forteresse.

Le voyageur demeura pensif; puis, après un instant, se parlant à lui-même comme il avait déjà fait, et comme cela paraissait être son habitude :

— Chose étrange! dit-il, Hérodote raconte que chez les anciens Éthiopiens, il y a un grand nombre de trésors enfouis, et que ce sont les griffons qui gardent cet or; il indique aussi le suc d'une plante dont on n'a qu'à se frotter les yeux pour que ces griffons deviennent visibles, et pour que l'on sache, par conséquent, les endroits où ces trésors sont enterrés...

— Oh! dit Orsini, tout frémissant d'impatience, aurais-tu rapporté du suc de cette plante?

— Moi?

— N'as-tu pas dit que tu avais beaucoup voyagé?

— J'ai beaucoup voyagé, c'est vrai, et peut-être, dans mes voyages, ai-je bien des fois foulé aux pieds cette plante sans songer à frotter mes yeux de la liqueur qui coulait sous mes sandales.

— Oh! murmura Orsini, en jetant sa casquette sur la table et en prenant ses cheveux à pleines mains.

— Mais, continua le voyageur, je vous dois quelque chose en échange de votre hospitalité, et, si vous voulez me suivre, je vais vous dire l'histoire de ce tombeau dont vous avez fait une forteresse, et de cette villa impériale dont vous avez fait un château guelfe.

Orsini ne répondit que par un signe de dédain.

— Écoutez toujours, dit le voyageur; qui sait si vous ne trouverez pas, au milieu de cette histoire, quelque fil rompu qui pourra vous guider dans ces fouilles que vous faites exécuter, quand vous venez vous enfermer ici sous le prétexte de surveiller votre ennemi Prospero Colonna?

— Oh! alors, s'écria Orsini, raconte! raconte!

— Suivez-moi, dit l'inconnu; il faut que le récit que j'ai à vous faire domine les lieux dont j'ai à vous entretenir.

Et, marchant le premier sans qu'il eût besoin de guide, et comme s'il eût connu l'intérieur de la forteresse aussi bien que son propriétaire, il descendit dans la cour, ouvrit une poterne, s'avança vers cette masse de marbre qui formait le centre des constructions antiques et modernes, et qui, par sa forme circulaire, avait fait donner à l'ensemble tout entier le nom de Casa-Rotondo.

Ce tombeau venait d'être tout nouvellement éventré, et des urnes brisées gisaient à terre à côté des cendres qu'elles avaient contenues, seuls restes de ce qui peut-être avait été un grand philosophe, un grand général ou un grand empereur.

Ces restes épars indiquaient le désappointement des explorateurs sacriléges, qui avaient cru trouver des monceaux d'or, et qui n'avaient trouvé que quelques pincées de cendres.

Le voyageur passa près de ces cendres répandues, près de ces urnes brisées, près de ce sépulcre éventré, sans paraître faire plus d'attention à ces nouvelles fouilles et à ces nouveaux débris qu'il n'en avait fait aux premiers, et, prenant l'escalier circulaire qui rampait à ses flancs, il se trouva en un instant au sommet du gigantesque tombeau.

Napoleone Orsini suivait son hôte en silence, et avec un étonnement et une curiosité qui ressemblaient à du respect.

Le sommet du monument, protégé par un parapet de trois pieds de hauteur, construction moderne superposée au sépulcre antique, découpée en créneaux guelfes et enfermant une terrasse plantée de magnifiques oliviers, — de sorte que, comme la reine Sémiramis. Orsini avait aussi son jardin suspendu, — le sommet du monument, disons-nous, véritable montagne de marbre, dominait tous les environs. De là, on voyait non-seulement au-dessous de soi et autour de soi les constructions dépendantes de cette espèce de tour seigneuriale consacrée à la mort, cette grande suzeraine du genre humain, mais encore,—au premier plan, en se tournant du côté de Rome, l'église de Santa-Maria-Nova avec son clocher rouge et ses fortifications de briques ; —au second plan, le tombeau de Cecilia Metella, sur l'authenticité duquel il n'y avait pas à se tromper, la plaque de marbre qui porte son nom, et qu'y scella la main avare de Crassus, n'ayant jamais été descellée, même par les ongles d'acier du temps ;—au troisième plan, la forteresse des Frangipani, grande famille qui a tiré son nom des pains innombrables qu'elle brisait en faisant l'aumône à ses clients, et qui possédait en outre, non-seulement l'arc de triomphe de Drusus, mais encore les arcs de triomphe de Constantin et de Titus, sur lesquels elle a posé des bastions, comme sur le dos des éléphants les rois de l'Inde posent des tours ;— enfin, dans le lointain, la porte Appia, encadrée dans la muraille Aurélienne, et surmontée des remparts de Bélisaire.

Les intervalles compris entre ces grands points de repère étaient remplis par des tombeaux en ruines au milieu desquels s'agitait, avec l'activité de la misère, toute une population de vagabonds, de mendiants, de bohémiens, de jongleurs, de courtisanes à soldats, qui, repoussée de la ville, comme l'écume que le vase rejette par dessus ses bords, était venue demander aux morts une hospitalité que lui refusaient les vivants.

Tout cela formait un spectacle bien digne d'exciter la curiosité, et, cependant, celui qui paraît destiné à devenir le héros principal de cette histoire ne daigna arrêter son regard sur aucun objet en particulier, et, après avoir laissé errer sur tout cet ensemble un coup d'œil vague :

— Monseigneur, dit-il, vous voulez

donc savoir l'histoire de ce tombeau, de cette villa, de ces ruines ?

— Mais, sans doute, mon hôte, répondit Orsini ; car il me semble que vous m'avez promis...

— Oui, c'est vrai... qu'il y aurait peut-être un trésor au fond de cette histoire. Alors, écoutez donc.

Le jeune capitaine, afin, sans doute, que le récit qu'il allait entendre fût plus complet, montra au voyageur un torse de statue, débris gigantesque qui servait de banc aux soldats lorsqu'au soleil couchant, les plus vieux et les plus aguerris racontaient aux nouveaux venus dans leurs rangs les guerres de la république florentine et du royaume de Naples.

Mais l'inconnu se contenta de s'adosser au parapet, et, son bâton de bois de laurier entre ses deux jambes, ses deux mains croisées sur le haut de son bâton, sa belle tête rêveuse appuyée sur ses deux mains, il commença l'histoire si impatiemment attendue de son auditeur, avec cette facilité d'élocution qui lui était naturelle, et cet accent railleur dont il ne pouvait se défendre.

— Vous avez entendu raconter, n'est-ce pas, monseigneur, dit-il, qu'il existait autrefois à Rome..... il y a de cela quelque chose comme seize cents ans... deux hommes, l'un né de paysans obscurs du village d'Arpinum, je crois, et qui se nommait Caïus Marius; l'autre né d'une des plus vieilles familles patriciennes, et qui se nommait Cornelius Sylla?

Napoleone fit un signe de tête qui voulait dire que ces deux noms ne lui étaient pas absolument inconnus.

— De ces deux hommes, continua l'étranger, l'un, Caïus Marius, représentait le parti populaire; l'autre, Cornelius Sylla, représentait le parti aristocratique. C'était l'époque des luttes gigantesques : on ne se battait pas, comme aujourd'hui, homme contre homme, escouade contre escouade, compagnie contre compagnie, non; un monde faisait la guerre à l'autre, un peuple se ruait sur un autre peuple. Or, deux peuples, les Cimbres et les Teutons, un million d'hommes à peu près, se ruaient contre le peuple romain. Ils venaient on ne savait d'où; de pays ignorés que personne n'avait encore parcourus, de rivages contre lesquels venaient battre des mers qui n'étaient pas encore nommées. Ces peuples, c'était l'avant-garde des nations barbares ; ces hommes, c'étaient les précurseurs d'Attila, d'Alaric, de Genseric. — Marius marcha contre eux, et les anéantit : hommes, femmes, enfants, vieillards, il tua tout; il tua jusqu'aux chiens, qui défendaient les cadavres de leurs maîtres ; il tua jusqu'aux chevaux, qui ne voulaient pas se laisser monter par de nouveaux cavaliers ; il tua jusqu'aux bœufs, qui ne voulaient pas traîner les chars des vainqueurs ! Cette boucherie terminée, il fut décrété par le Sénat que Marius avait bien mérité de la patrie, et il reçut le titre de *troisième fondateur de Rome*. Tant d'honneurs rendirent Sylla jaloux :

il résolut de détruire Marius. La lutte entre les deux rivaux dura dix ans. Rome fut prise deux fois par Sylla, deux fois reprise par Marius. Chaque fois que Marius rentrait dans Rome, il faisait égorger les partisans de Sylla ; chaque fois que Sylla y rentrait à son tour, il faisait étrangler les partisans de Marius. On calcula que ce qu'il y avait eu de sang versé, pendant ces dix ans, aurait pu mettre à flot, dans la naumachie d'Auguste, — laquelle avait deux mille pieds de long, sur douze cents de large et quarante de profondeur, — les trente vaisseaux à rostres qui étaient montés par trente mille combattants, sans compter les rameurs, et qui représentaient la bataille de Salamine. Enfin, Marius succomba le premier ; il est vrai que c'était le plus vieux, qu'il avait des varices aux jambes et le cou très-court. Le sang l'étouffa : c'était bien justice! Alors, Sylla reprit Rome pour la troisième fois, et, cette troisième fois-là, comme il était seul, il proscrivit tout à son aise, y mettant du temps et du choix. On commençait, d'ailleurs, à en avoir assez de la manière de tuer de Marius : il étranglait dans les prisons, — la Mamertine est sourde! — on n'entendait même pas les cris des patients ; cela ennuyait le peuple. Sylla faisait mieux : il tranchait les têtes en public ; il précipitait les proscrits du haut des terrasses de leurs maisons ; il poignardait les fugitifs dans la rue. Le peuple ne s'apercevait pas que c'étaient ses partisans que l'on traitait ainsi, et criait : « Vive Sylla! » Au nombre des proscrits était un tout jeune homme, neveu de Marius; mais ce n'était point pour cette parenté qu'il était proscrit. Il était proscrit pour s'être marié à dix-sept ans, et avoir refusé de répudier sa femme, malgré l'ordre du dictateur. Ce jeune homme était beau, riche, noble surtout; bien autrement noble, ma foi! que Sylla; par son père, il descendait de Vénus, c'est-à-dire des dieux de la Grèce! par sa mère, d'Ancus Martius, c'est-à-dire des rois de Rome! — Ce jeune homme s'appelait Julius César.— Aussi Sylla tenait-il fort à le faire mourir. On le cherchait partout; sa tête était mise à prix à dix millions de sesterces; ce que voyant César, au lieu de se sauver chez un de ses amis riches, il se sauva chez un pauvre paysan à qui il avait donné une chaumière et un petit jardin, et qui ne voulut pas, au prix d'une trahison, changer ce petit jardin et cette chaumière contre un grand jardin et un palais. — Pendant ce temps, tout le monde intercédait pour le jeune proscrit, peuple et noblesse, les chevaliers, les sénateurs, tout le monde, enfin, jusqu'aux vestales. On aimait beaucoup ce charmant jeune homme, qui, à vingt ans, avait déjà trente millions de dettes, et à qui Crassus... — Tenez, monseigneur, celui qui a fait bâtir ce beau tombeau à sa femme.

Et le voyageur étendit son bâton dans la direction du monument de Cecilia Metella, puis il reprit :

— Et à qui Crassus, le plus avare des hommes, prêta quinze millions, afin qu'il se débarrassât des créanciers qui lui barraient la rue, et l'empêchaient de partir pour la préture d'Espagne, d'où il revint avec quarante millions, toutes ses dettes payées... Mais Sylla tenait bon : il voulait absolument que César mourût. Au reste, peu lui importait de quelle manière, pourvu qu'il mourût; ce qu'il demandait, c'était sa tête, pas autre chose. Enfin, vint à son tour un de ses amis qui, autrefois, du temps que Sylla était proscrit lui-même, lui avait rendu un grand service, sauvé la vie peut-être. A cet ami, Sylla avait promis de ne pas refuser la première demande qu'il lui adresserait, si jamais il arrivait au pouvoir. L'ami lui demanda la vie de César. « Je vous la donne, puisque vous le voulez absolument, dit

Sylla en haussant les épaules; mais je me trompe fort, ou, dans ce jeune efféminé à la tunique lâche, aux cheveux parfumés, et qui se gratte la tête du bout de l'ongle, vous aurez plus d'un Marius! » Sylla, qui mourut de la lèpre, comprenait mal qu'on ne se grattât point franchement et à pleines mains. Maintenant, cet homme qui sauva la vie du futur vainqueur de Vercengetorix, de Pharnace, de Juba, de Caton d'Utique, se nommait Aurelius Cotta, et nous sommes sur son tombeau.

— Comment! s'écria Napoleone Orsini, ce tombeau est celui d'un simple particulier?

— Pas tout à fait, vous allez voir... Vous avez remarqué, monseigneur, ce nom d'*Aurelius?* il indique un ancêtre de cette grande famille Aurelia que l'empereur Antonin conduisit sur le trône par l'adoption de Marc-Aurèle. Aurelius Cotta avait fait bâtir ce tombeau en pierre ; Marc-Aurèle le fit revêtir de marbre, y transporta les cendres de sa famille, et ordonna que les siennes et celles de son successeur y fussent déposées. Il en résulte donc, monseigneur, que ce tombeau que vous avez ouvert, que ces urnes que vous avez brisées, ces cendres que vous avez répandues, et que chaque bouffée de vent éparpille sur la terre du vieux Latium, c'est le tombeau, ce sont les urnes, ce sont les cendres du sénateur Aurelius Cotta, du noble Annius Verus, du divin Marc-Aurèle et de l'infâme Commode !

Le jeune capitaine passa la main sur son front couvert de sueur. Était-ce remords de son sacrilége? était-ce impatience de ce que le narrateur inconnu n'arrivait pas assez vite à ce qu'il désirait?

S'il était resté sur ce point un doute à celui-ci, ce doute fut bien vite dissipé.

— Mais, dit Napoleone Orsini, je ne vois pas, mon hôte, que, dans tout cela, il soit le moins du monde question d'un trésor.

— Attendez donc, monseigneur, dit l'inconnu ; ce n'est pas sous les bons princes que l'on cache l'argent; mais Commode va venir... patience! — Il débuta bien, ce petit-fils de Trajan, ce fils de Marc-Aurèle : à l'âge de douze ans, trouvant son bain trop chaud, il ordonna qu'on mît au four l'esclave qui l'avait fait chauffer, et, quoique le bain eût été refroidi et amené à point, il ne voulut le prendre que lorsque l'esclave fut cuit ! Le caractère fantasque du jeune empereur ne fit, au reste, que croître du côté de la férocité ; il en résulta beaucoup de conspirations contre lui, et, entre autres, celle des deux Quintilien.. — Tenez, monseigneur, ceux-là même à qui appartenait cette magnifique villa dont vous avez fait vos appartements.

Et l'inconnu, comme il avait fait pour le tombeau de Cecilia Metella, montra de son bâton les différents restes encore admirablement conservés, sinon dans leur ensemble, du moins par portions, de ce qui avait été autrefois la villa des deux frères.

Napoleone Orsini fit à la fois un signe de la tête et de la main ; le signe de la tête voulait dire : « J'ai compris ; » le signe de la main voulait dire : « Continuez. »

Le voyageur continua.

— Il s'agissait tout simplement d'assassiner Commode. Commode passait la moitié de sa vie au cirque ; il était très-adroit : il avait appris d'un Parthe à tirer de l'arc, et d'un Maure à lancer le javelot. Un jour, dans le cirque, à l'extrémité opposée à celle où se trouvait l'empereur, une panthère s'était saisie d'un homme, et s'apprêtait à le dévorer. Commode prit son arc, et lança une flèche si bien ajustée, qu'il tua la panthère sans toucher l'homme. Un autre jour, voyant que l'amour du peuple commençait à se refroidir à son endroit, il fit proclamer dans Rome qu'il abattrait cent lions avec cent javelots. Le cirque regorgeait de spectateurs, comme vous le pensez bien. On lui apporta dans sa loge impériale cent javelots ; on fit entrer dans le cirque cent lions. Commode lança les cent javelots, et tua les cent lions ! Hérodien dépose du fait : il y était, il l'a vu. En outre, l'empereur avait six pieds et demi de haut, et était très-fort : d'un coup de bâton, il cassait la jambe d'un cheval ; d'un coup de poing, il abattait un bœuf. Voyant une fois un homme d'une énorme corpulence, il l'appela, et, tirant son épée, il le trancha en deux d'un seul coup ! Voilà pourquoi il se fit représenter une massue à la main, et, au lieu de se faire appeler Commode, fils de Marc-Aurèle, il se fit appeler Hercule, fils de Jupiter. — Ce n'était ni rassurant ni facile de conspirer contre un pareil homme ; cependant, poussés par Lucilla, sa belle-sœur, les deux frères Quintilien s'y décidèrent. Seulement, ils prirent leurs précautions : ils enterrèrent tout ce qu'ils avaient d'or et d'argent monnoyé, tout ce qu'ils avaient de bijoux et de pierreries... — Ah ! monseigneur, nous y voici enfin ! — Puis ils préparèrent des chevaux pour fuir, s'ils manquaient leur coup, et attendirent l'empereur sous une voûte sombre, passage étroit qui conduisait du palais à l'amphithéâtre. La fortune parut d'abord servir les conspirateurs. Commode parut à peine accompagné : ils l'entourèrent aussitôt ; un des deux Quintilien se jeta sur lui en le frappant d'un coup de poignard, et en lui disant : « Tiens, César, voilà ce que je t'apporte de la part du sénat. » Alors, sous cette voûte obscure, dans cet étroit passage, eut lieu une effroyable lutte. Commode n'était que légèrement blessé : les coups qu'on lui portait l'ébranlaient à peine ; chacun de ses coups, à lui, tuait un homme. Enfin, il parvint à saisir celui des deux Quintilien qui l'avait frappé, serra autour de son cou le nœud de ses doigts de fer, et l'étrangla ! En mourant, ce Quintilien, qui était l'aîné, cria à son frère : « Sauve-toi, Quadratus ! tout est perdu ! » Quintilien se sauva, sauta sur un cheval, et partit ventre à terre. Les

soldats se mirent aussitôt à sa poursuite. La course fut rapide et acharnée : il s'agissait de la vie pour celui qui fuyait, d'une récompense énorme pour ceux qui poursuivaient. Cependant, les soldats finirent par gagner sur Quintilien ; par bonheur, celui-ci avait tout prévu et s'était ménagé une ressource, ressource étrange, mais à laquelle il faut croire, puisque Dion Cassius la raconte ainsi :
« Le fugitif avait, dans une petite outre, du sang de lièvre, seul animal parmi tous les animaux, même l'homme, dont le sang se conserve sans se figer ni se décomposer. Il prit de ce sang tout ce que sa bouche en pouvait contenir, et se laissa tomber de cheval comme par accident. Quand les soldats arrivèrent à lui, ils le trouvèrent étendu sur le che-

min, et vomissant le sang à flots. Alors, le regardant comme mort et bien mort, ils le dépouillèrent de ses vêtements, laissèrent le faux cadavre sur la place, et revinrent dire à Commode que son ennemi s'était tué et comment il s'était tué. » Pendant ce temps, comme vous l'imaginez bien, monseigneur, Quintilien se relevait et fuyait...

— Sans prendre le temps de revenir chercher son trésor ? interrompit Napoleone Orsini.

— Sans prendre le temps de revenir chercher son trésor, répéta le narrateur.

— Alors, reprit le jeune capitaine, les yeux brillants de joie, le trésor est toujours ici ?

— C'est ce que nous allons voir, dit

l'inconnu. Tant il y a que Quintilien disparut.

Napoleone Orsini respira, et un sourire commença de rayonner sur ses lèvres.

— Dix ans après, continua le voyageur, le monde respirait sous Septime Sévère. Commode était mort empoisonné par Marcia, sa maîtresse favorite, et étranglé par Narcisse, son athlète préféré. Pertinax s'était emparé de l'empire, et se l'était laissé reprendre six mois après avec la vie. Didius Julianus avait, alors, acheté Rome et le monde par-dessus le marché; mais Rome n'était pas encore accoutumée à être vendue; — elle s'y habitua depuis! — Pour cette fois donc, elle se révolta : il est vrai que l'acquéreur avait oublié de payer. Septime Sévère profita de la révolte, fit tuer Didius Julianus, et monta sur le trône... Or, comme je l'ai dit, entre Commode et Caracalla, le monde respira un instant. Alors, le bruit se répandit dans Rome que Quintilien venait de reparaître...

— Oh! fit Napoleone Orsini, en fronçant le sourcil.

— Attendez donc, monseigneur; l'histoire est curieuse et vaut que vous l'écoutiez jusqu'au bout... En effet, un homme de l'âge que devait avoir Quintilien, se donnant pour Quintilien, et que tout le monde reconnaissait à son visage comme étant Quintilien, cet homme rentra dans Rome, racontant d'une manière spécieuse sa fuite, son absence, son retour : puis, lorsqu'il n'y eut plus de doute sur son identité, il réclama de l'empereur Septime Sévère les biens que l'empereur Commode avait confisqués sur lui et son frère. La chose parut on ne peut plus juste à l'empereur ; seulement, il voulut voir ce Quintilien, qu'il avait connu autrefois, et s'assurer que le ressuscité avait bien réellement droit à l'héritage qu'il réclamait. Quintilien se présenta devant l'empereur. S'il fallait en juger par l'aspect, c'était bien l'homme que l'empereur avait connu. « Bonjour, Quintilien ! » lui dit-il alors en langue grecque. Quintilien rougit, balbutia, essaya de répondre, mais ne fit qu'articuler des mots sans signification et qui n'appartenaient à aucune langue. Quintilien ne savait pas le grec ! L'étonnement de l'empereur fut profond ; il avait autrefois — et il s'en souvenait parfaitement — parlé cette langue avec Quintilien. « Seigneur, excusez-moi, dit enfin le proscrit ; mais je m'étais réfugié chez les nations barbares, et j'ai si longtemps vécu au milieu d'elles, qu'il n'est pas étonnant que j'aie oublié la langue d'Homère et de Démosthènes.—N'importe, répondit l'empereur, cela ne m'empêchera pas de te donner la main comme à un vieil ami. » Et il tendit sa main impériale à Quintilien, qui n'osa lui refuser la sienne ; mais à peine Septime Sévère eut-il touché la main du proscrit : « Oh ! oh ! dit-il, qu'est-ce que cela ? voici une main qui ressemble fort à celle de ces hommes du peuple à qui Scipion Nasica demandait : « Dites donc, amis, est-ce que vous marchez sur les mains ? » Puis, prenant un air grave : « Cette main n'est point une main de patricien, c'est une main d'esclave, dit l'empereur ; vous n'êtes point Quintilien !... Mais avouez tout, confessez qui vous êtes, et il ne vous sera rien fait. » Le pauvre homme tomba aussitôt aux pieds de l'empereur, et avoua tout ; c'est-à-dire qu'il n'était pas noble, qu'il n'était pas patricien ; que non-seulement il n'était pas Quintilien, mais encore qu'il ne le connaissait pas, ne l'ayant jamais vu ; que, bien plus, il ignorait même qu'il existât un homme de ce nom, quand, un jour, dans une ville de l'Étrurie, où il était venu fixer sa demeure, un sénateur l'avait rencontré et l'avait salué du nom de Quintilien et du titre d'ami ; puis, un autre jour, un second en avait fait autant; et, un autre jour, enfin, un troisième. A ces trois premiers, il avait dit la vérité; mais, comme ils insistaient, ne voulant pas le croire, et disant, d'ailleurs, qu'il n'avait plus rien à craindre pour sa vie, Septime Sévère régnant; qu'il pouvait revenir à Rome, et réclamer ses biens, ces derniers mots l'avaient déterminé : il avait avoué alors qu'il était bien véritablement Quintilien : il avait forgé une histoire expliquant sa fuite et son absence; il était venu à Rome, où tout le monde l'avait reconnu, même l'empereur, et, grâce à cette ressemblance avec le vrai Quintilien, le faux Quintilien allait entrer en possession d'une immense fortune, quand l'ignorance où il était du grec avait tout dévoilé. La sincérité de l'aveu toucha Septime Sévère, qui pardonna, comme il l'avait promis, au faux Quintilien, et lui fit même une petite rente viagère de dix à douze mille sesterces, mais qui garda la villa des deux frères... Voilà, monseigneur, dit en s'inclinant l'inconnu, l'histoire que j'avais à vous raconter.

— Mais, dit Napoleone Orsini, qui ne se laissait distraire par rien de sa préoccupation, le trésor, le trésor?

— Quintilien l'avait enterré sous la dernière marche d'un escalier, à l'extrémité d'un corridor, et il avait écrit sur la pierre qui le recouvrait cette épitaphe grecque :

Ενθα κειται η ψυχη του κοσμου.
(*Ici est enfermée l'âme du monde.*)

C'était une précaution prise pour le cas où il ne pourrait venir chercher ce trésor lui-même, et où il serait forcé de le faire prendre par quelque ami.

— Et, ce trésor, demanda Napoleone Orsini, est-il toujours à l'endroit où il a été enterré?

— C'est probable.

— Et tu connais l'endroit?

L'inconnu leva les yeux vers le point du ciel où était le soleil.

— Monseigneur, dit-il, il est onze heures du matin; j'ai encore six milles à faire; je serai bien certainement retardé en route, et, cependant, je dois être à trois heures sur la place Saint-Pierre pour prendre ma part de la bénédiction pontificale.

— Cela ne te retardera pas beaucoup, de m'indiquer où est le trésor.

— Faites-moi l'honneur de me conduire jusqu'à l'extrémité de vos domaines, monseigneur, et peut-être, grâce au chemin que je vais vous faire prendre, rencontrerons-nous sur notre route ce que vous désirez.

— Allons, indique-moi la route, dit Orsini, et je te suis.

Et, comme le voyageur reprenait le chemin par où il était venu, il le suivit avec un empressement qu'avait peine à satisfaire, si rapide qu'elle fût, la marche de l'étrange voyageur.

En passant devant les décombres arrachés au tombeau des Auréliens, l'inconnu montra à Napoleone Orsini une torche éteinte qui avait servi à explorer l'intérieur du colombarium. Le capitaine comprit le signe avec la prompte intelligence de la cupidité, et ramassa la torche.

Une pince de fer gisait au milieu des débris de pierre et des fragments de marbre : le voyageur s'en empara et continua sa route.

A un four où l'on cuisait le pain des soldats, Orsini alluma sa torche.

A travers les appartements de la villa, dont la topographie, d'ailleurs, paraissait lui être parfaitement familière, le voyageur marcha droit à un escalier de marbre qui conduisait à une salle de bain dans le goût de celles que nous voyons aujourd'hui encore à Pompeï.

C'était une salle souterraine formant un carré long, et éclairée seulement par deux soupiraux obstrués d'herbes et de ronces. Cette salle était divisée en panneaux de marbre de six pieds de haut sur trois pieds de large ; chacun d'eux était entouré d'une moulure, et des têtes de nymphes taillées sur le modèle de la médaille de Syracuse ornaient le milieu de chaque panneau.

Au reste, depuis longtemps, cette salle de bain avait été distraite de sa destination primitive. Les canaux qui conduisaient l'eau avaient été rompus par les fouilles que l'on avait faites, par les fondations que l'on avait creusées, et les robinets avaient été arrachés par les soldats, qui avaient reconnu que, de cuivre ou de bronze, ces morceaux de métal n'étaient point tout à fait sans valeur.

Quant à la salle de bain elle-même, elle était devenue une espèce de succursale des caves, et l'on y renfermait ou plutôt on y entassait les tonneaux vides.

Le voyageur s'arrêta une seconde sur la dernière marche de l'escalier, sonda l'étuve d'un regard, et se dirigea vers un panneau placé à droite de la porte. Arrivé là, il appuya l'extrémité de sa pince sur l'œil de la nymphe formant le milieu du panneau, et, après un léger effort nécessité par la rouille qui s'était attachée au ressort, le panneau céda, et, tournant sur ses gonds, découvrit la sombre entrée d'un souterrain.

Orsini, qui, le cœur bondissant d'espoir, suivait chaque mouvement de l'inconnu, voulut se précipiter à travers l'escalier, dont on apercevait les marches supérieures ; mais son compagnon l'arrêta.

— Attendez, dit-il, il y a quelque chose comme douze cents ans que cette porte n'a été ouverte ; laissez le temps à l'air mort d'en sortir, et à l'air vivant d'y entrer ; sans quoi, la flamme de votre torche s'y éteindrait toute seule, et vous-même n'y sauriez pas respirer.

Tous deux restèrent sur le seuil, mais l'impatience du jeune capitaine était telle, qu'il insista bientôt pour entrer, au risque de ce qui pourrait advenir.

Alors, le voyageur lui passa la pince, prit la torche pour éclairer le chemin dans lequel il allait lui servir de guide, et descendit les dix marches qui conduisaient au fond du souterrain ; mais Napoleone Orsini eut à peine descendu le quatrième degré, qu'il fut obligé de s'arrêter : cet air de sépulcre n'était pas respirable pour les vivants.

Le voyageur s'aperçut que son compagnon chancelait.

— Attendez ici, monseigneur, dit-il, je vais vous frayer le chemin; tout à l'heure vous me rejoindrez.

Napoleone Orsini voulut répondre affirmativement, mais il ne put trouver de voix. C'était bien là cet air dont parle Dante, si épais, qu'il étouffe jusqu'aux plaintes des damnés, et tue les reptiles les plus impurs.

Le jeune homme monta deux marches pour se remettre en contact avec l'air extérieur, et, de plus en plus étonné, il suivit du regard, au milieu de cet air épais et de cette méphitique obscurité, cet homme qui paraissait fait d'une autre chair que les autres hommes, et n'être soumis ni aux mêmes faiblesses, ni aux mêmes besoins qu'eux.

Pendant l'espace de cent pas à peu près, il vit la torche s'éloigner, diminuant de clarté, diminuant de flamme, ne projetant aucune lumière sur les murs, n'éclairant ni la voûte suspendue sur la tête de l'inconnu, ni les dalles sur lesquelles il marchait ; puis il lui sembla que la lumière, devenue un point presque imperceptible, s'élevait peu à peu, ce qui indiquait que le souterrain était franchi, et que le voyageur montait un escalier parallèle à celui au haut duquel lui-même attendait.

Tout à coup, une grande clarté envahit l'extrémité opposée du souterrain, et un souffle de vie entra dans le corridor humide et sombre en chassant, pour ainsi dire, la mort devant lui.

Napoleone Orsini crut sentir passer la noire déesse : il lui sembla qu'en fuyant, elle l'effleurait de ses ailes.

Dès lors, il comprit qu'il pouvait rejoindre son compagnon.

Tout frissonnant encore, il descendit les degrés visqueux, et s'engagea dans le souterrain.

Le voyageur l'attendait à l'autre extrémité, un de ses pieds posé sur la première marche, l'autre sur la troisième.

Il éclairait de sa torche renversée une pierre sur laquelle on lisait distinctement ces six mots grecs : Ενθα κειται η ψυχη του κοσμου, qu'il avait annoncés comme signalant le gisement du trésor.

La lumière qui ruisselait le long des marches supérieures venait de l'ouverture que le voyageur avait pratiquée en soulevant de ses puissantes épaules une des dalles donnant sur le chemin de ronde.

— Et, maintenant, monseigneur, dit l'inconnu, voici la pierre, voici la pince, voici la torche... Je vous remercie de votre hospitalité. Adieu!

— Comment! s'écria Napoleone Orsini avec étonnement, n'attends-tu pas que j'aie déterré le trésor?

— Pourquoi faire?

— Pour en prendre ta part.

Un sourire passa sur les lèvres de l'inconnu.

— Je suis pressé, monseigneur, dit-il. Je dois être à trois heures sur la place

Saint-Pierre pour y recevoir ma part d'un trésor bien autrement précieux que celui que je vous abandonne.

— Laisse-moi, du moins, te donner une escorte qui t'accompagne jusque dans la ville.

— Monseigneur, répondit l'inconnu, de même que j'ai fait vœu de ne boire que de l'eau, de ne manger que du pain, de ne prendre ma nourriture que debout, j'ai fait vœu de ne voyager que seul. Adieu, monseigneur, et, si vous croyez me devoir quelque chose, priez pour le plus grand pécheur qui ait jamais imploré la miséricorde divine !

Et, remettant la torche à la main de son hôte, le mystérieux inconnu monta les degrés qu'il lui restait encore à franchir, s'éloigna à travers les ruines de ce pas rapide et régulier qui lui était habituel, et, longeant la muraille intérieure de la villa des Quintiliens, il sortit par la porte opposée à celle qui lui avait donné entrée, et se retrouva de nouveau sur la voie antique.

LES GAETANI.

Une fois sur la via Appia, et entré dans l'enceinte de ce singulier faubourg qui prolongeait Rome sur la route de Naples, à peu près comme l'épée du poisson armé prolonge son corps, le voyageur se trouva au milieu de l'étrange population dont nous avons dit un mot, et les détails qui lui avaient échappé lorsque, du haut du tombeau d'Aurelius Cotta, il avait jeté un vague regard du côté de Rome, durent non-seulement lui devenir visibles, mais encore se mettre, pour ainsi dire, en contact direct avec lui.

En effet, tandis que les grands bandits, tels que les Orsini, les Gaëtani, les Savelli, les Frangipani, s'étaient emparés des gros sépulcres, et y avaient mis garnison, les bohémiens, les vagabonds, les mendiants, les petits voleurs enfin, s'étaient emparés des petits tombeaux, et y avaient établi leur demeure.

Une partie de ces tombeaux aussi avaient été consacrés à des usages publics : troués dans un but de cupidité particulière, ils avaient, à la suite de leur dévastation, été tournés vers un but d'utilité générale. En effet, le colombarium de quelques-uns avait offert aux regards étonnés des déprédateurs une voûte arrondie, solidement maçonnée en briques; de sorte qu'après avoir réfléchi à ce que l'on pouvait faire de ces ouvertures demi-circulaires, on avait résolu d'en faire des fours. Chacun y venait donc, comme à la servitude banale d'un village normand, cuire son pain et sa viande. En outre, aux environs de ces fours, des espèces de rôtisseurs de bas étage s'étaient établis, et vendaient de la charcuterie, de la volaille, des poissons séchés et des pâtisseries aux soldats qui, les jours de paye, venaient avec les malheureuses courtisanes vivant du luxe de cette misère, s'attabler dans l'intérieur ou aux portes de ces cabarets improvisés, et qui, le repas fini, allaient achever la journée, si c'était le jour, la nuit, si c'était le soir, dans ces lupanars mortuaires dont tout l'ameublement se composait d'un matelas étendu sur un sarcophage ; funèbres maisons de débauche en harmonie avec les populations et les localités au milieu desquelles elles s'élevaient !

Puis, comme l'église était une nécessité du quinzième siècle, encore plus comme lieu d'asile que comme centre de prières, de temps en temps, au milieu de tous ces débris appartenant à une civilisation évanouie, se dressait une espèce de temple, païen par sa base, chrétien par son sommet, avec ses clochers à créneaux, son couvent fortifié et sa garnison de moines tenue au complet par le prieur ou par l'abbé, avec autant de soin et d'orgueil que les officiers et les capitaines en mettaient à tenir au complet leurs garnisons de soldats.

Plus d'une fois déjà nous avons entendu le voyageur parler du pardon qu'il venait solliciter à Rome ; plus d'une fois nous l'avons entendu mettre en doute l'application à son égard de la miséricorde divine, que l'on représente, cependant, comme infinie ; l'occasion était belle pour lui d'essayer de cette miséricorde de Dieu, et de demander ce pardon qu'il a permis aux ministres de son Église d'accorder. Certes, les moines qui étaient chargés de répandre la parole du Seigneur au milieu de ce monde de réprouvés devaient être habitués à de sombres confidences, et, à moins que l'absolution — comme le voyageur l'avait, du reste, laissé entrevoir — ne pût descendre sur lui que des plus hauts sommets de la hiérarchie ecclésiastique, nous le répétons, l'occasion était belle et valait bien qu'il s'arrêtât à l'un de ces temples, et essayât de se confesser à l'un de ces moines, qu'on avait souvent peine, soit par leur costume, soit par leur langage, soit même par leurs mœurs, à distinguer de ces bohêmes de toute espèce parmi lesquels ils vivaient.

Et, cependant, l'étranger passa devant l'église de Santa-Maria-Nova sans s'arrêter, et continua sa route ; mais, au bout d'un mille à peu près, il trouva cette route barrée par une porte arrondie en plein cintre qui se rattachait d'un côté au mur de l'église de Saint-Valentin, et, de l'autre, aux ouvrages avancés d'un château fort au-dessus du rempart duquel on apercevait le sommet du tombeau de Cecilia Metella.

Outre la grande porte cintrée dont nous venons de parler, une autre porte placée à quinze pas de la route, et à droite, donnait entrée dans la cour de cette forteresse, laquelle appartenait aux Gaëtani, ces neveux du pape Boniface VIII, qui essayaient de ressaisir, à force de brigandages, la puissance gigantesque qu'ils avaient conquise dans les premières années du pontificat de Benedetto Gaëtano, — lorsque les rois de Hongrie et de Sicile conduisaient celui-ci à Saint-Jean de Latran, marchant à pied et tenant la bride de son cheval,— puissance qu'ils perdirent peu à peu, depuis le soufflet que le pape et la papauté reçurent de la main de Colonna dans la personne de leur aïeul.

Le tombeau de Cecilia Metella jouait pour les Gaëtani le même rôle que le tombeau d'Aurelius Cotta jouait pour les Orsini, c'est-à-dire qu'il leur servait de principale forteresse.

Peut-être, au reste, de tous les tombeaux de la voie Appienne, celui de la femme de Crassus, de la fille de Metellus le Crétique, était-il alors, comme il est encore aujourd'hui, le mieux conservé. Le sommet conique avait seul disparu pour faire place à une plate-forme crénelée, et un pont jeté des ouvrages modernes sur la construction antique conduisait des remparts au gigantesque bastion.

Ce ne fut que soixante-quinze ans plus tard que le tombeau de la femme noble, spirituelle, artiste, poëte, qui réunissait chez elle Catilina, César, Pompée, Cicéron, Lucullus, Terentius Varon, tout ce que Rome avait de noble, d'élégant, de riche, devait être fouillé par ordre du pape Paul III, qui fit transporter l'urne contenant ses cendres dans un angle du vestibule du palais Farnèse, où on la voit encore aujourd'hui.

Il fallait que cette femme eût une bien grande valeur, pour qu'à sa mort, Crassus lui fît élever un pareil tombeau. — Ce tombeau et les quinze millions prêtés à César, ce sont les deux taches de la vie de Crassus !

De même que la forteresse des Orsini était bâtie sur les ruines de la villa de Quintilien, la forteresse des Gaëtani était bâtie sur les terrains qu'avait couverts autrefois l'immense villa de Julius Atticus. L'histoire de Julius est moins tragique que celle des Quintiliens sans être moins singulière. Nommé préfet de l'Asie par l'empereur Nerva, il trouva, en démolissant la citadelle d'Athènes, un immense trésor. Épouvanté à l'aspect de ces richesses, il écrivit au successeur de Domitien et au prédécesseur de Trajan pour lui annoncer sa bonne fortune; mais l'empereur, qui ne se croyait aucun droit sur le trésor, se contenta de lui répondre : « Tant mieux pour toi ! » avec un point d'exclamation.

Mais cette réponse ne satisfaisait pas complétement Julius Atticus : il craignit que Nerva n'eût compris qu'il avait trouvé un trésor ordinaire, quelque chose de misérable comme deux ou trois millions de sesterces; en conséquence, il reprit la plume, et écrivit de nouveau à l'empereur : « Mais, César, le trésor que j'ai trouvé est considérable ! »

Ce à quoi Nerva ne jugea point à propos de répondre autre chose que ce qu'il avait déjà répondu dans sa première lettre, en ajoutant seulement un second point d'exclamation : « Tant mieux pour toi !! »

Julius Atticus avait la conscience timorée : il craignait de n'avoir pas donné à l'empereur, dans ses deux premières lettres, une idée suffisante des richesses qu'il n'osait s'approprier, et il écrivit une troisième fois : « Mais, César, c'est que le trésor que j'ai trouvé est immense! »

« Tant mieux pour toi !!! » répondit l'empereur, en ajoutant un troisième point d'exclamation aux deux premiers.

Ce troisième point d'exclamation rassura Julius Atticus. Il n'hésita donc plus à s'approprier le trésor, qui, en effet, était tel, qu'après avoir donné à son fils six millions trois cent mille francs pour bâtir des bains; qu'après avoir fait élever palais à Athènes, palais à Rome, palais à Naples, des villas partout ; qu'après avoir ramené avec lui de l'Attique quinze ou vingt philosophes, quinze ou vingt poëtes, dix ou douze musiciens, six ou huit peintres, aux besoins desquels ils pourvoyait d'une si large façon, que chacun d'eux menait un train à se faire prendre pour un sénateur ; qu'après avoir laissé trente millions à l'empereur, et soixante millions à son fils, il put encore léguer quatre-vingt dix francs de rente viagère à chaque Athénien.

Hélas! comme Charlemagne, à la vue des Normands, pleura sur la décadence de l'empire, Julius Atticus put, malgré ses millions, pleurer sur la décadence de sa race. Poëte, orateur, artiste, père de rhéteur, il vit son petit-fils si dégénéré de cette intelligence héréditaire, que, pour lui apprendre à lire, Hérode Atticus, son père, fut obligé de lui donner vingt-quatre esclaves représentant les vingt-quatre lettres de l'alphabet, et portant, chacun sur sa poitrine, la figure de la lettre à laquelle il correspondait.

Or, tout cet emplacement, — tombeau de Cecelia Metella, villa de Julius et d'Hérode Atticus, cirque de Maxence, qui n'en est éloigné que d'une centaine de pas, — tout cela appartenait à Enrico Gaëtano, et était commandé, pour le moment, par un Gaëtano d'Agnani, bâtard de la famille.

Les Gaëtani avaient habité le bourg d'Agnani, où, pendant ses querelles avec le roi de France, s'était réfugié le pape Boniface VIII, et l'avaient peuplé de bâtards.

A l'heure où nous sommes arrivés, c'est-à-dire vers midi, Gaëtano le Bâtard, — c'était le nom qu'on lui donnait, — s'amusait à exercer sa garnison dans le cirque de Maxence.

Cette garnison se composait particulièrement d'Anglais, d'Allemands et d'hommes des montagnes, Basques, Piémontais, Tyroliens, Écossais, Suisses, paysans des Abruzzes.

À force de se frotter les uns aux autres, de vivre ensemble, d'être soumis aux mêmes besoins, de courir les mêmes dangers, ces hommes s'étaient créé entre eux une espèce de langue pareille à ce patois que l'on parle sur les bords de la Méditerranée, et à l'aide duquel un voyageur peut faire le tour de ce grand lac que les anciens appelaient la mer Intérieure. Cette langue suffisait à l'échange de leurs pensées et à la communication de leurs désirs.

C'était dans ce patois que le chef leur donnait ses ordres.

Au jour du combat, un même esprit animait ces hommes ; on eût dit des compatriotes, des amis, presque des frères ; mais, le champ de bataille évacué, pour la garnison, les nationalités différentes reprenaient le dessus : l'Anglais allait à l'Anglais, l'Allemand à l'Allemand, le montagnard au montagnard.

Ils étaient donc, selon leur habitude des jours de repos et des heures de garnison, divisés par groupes, chaque groupe représentant en quelque sorte un peuple. Le sentiment de la nationalité, qui subsiste surtout à l'étranger, était l'élément d'attraction et de cohésion qui réunissait ces fils de la même terre. En parlant ensemble la langue de leur pays, en s'amusant aux exercices de leur pays, une illusion momentanée rendait à l'Anglais les brouillards de la Bretagne, à l'Allemand le murmure des fleuves germaniques, au montagnard la neige de ses pics alpestres. Ces illusions consolaient ces cœurs durs, caressaient ces rudes imaginations : ils se croyaient encore dans leur pays natal.

Les uns s'exerçaient à l'arc : — c'étaient des archers anglais, des restes de ces grandes bandes qui nous avaient tiré tant de sang, à nous autres Français, aux batailles de Crécy, de Poitiers et d'Azincourt. Ils étaient experts dans l'art de lancer un trait au but, et ces Parthes modernes, qui avaient d'habitude douze flèches dans leur trousse, disaient hardiment qu'ils portaient à leur côté la mort de douze hommes.

Les autres s'exerçaient à la lutte : — c'étaient les Allemands ; ces blonds descendants d'Arminius n'avaient point oublié les exercices gymnastiques de leurs pères ; aussi personne ne se risquait à jouer avec eux ce jeu terrible. On eût dit ces anciens gladiateurs que la Germanie envoyait à Rome pour lutter avec les ours et les lions ; l'emplacement dans lequel on se trouvait — le cirque de Maxence — ajoutait encore à l'illusion.

Les autres, enfin, — c'étaient les hommes des montagnes, — s'exerçaient au bâton. Souvent, au fort de la mêlée, le fer de la lance était abattu par un vigoureux coup d'épée ; dès lors, le cavalier ou le fantassin n'avait plus que son bâton ; il fallait donc qu'il s'en fît une arme. C'était l'étude à laquelle se livraient ces hommes, et ils étaient arrivés à un tel degré d'adresse, que mieux valait avoir affaire à eux quand le fer était au bout de la lance que lorsque la hampe seule voltigeait entre leurs mains!

Gaëtano le Bâtard allait d'un de ces groupes à l'autre, encourageant les vainqueurs, raillant les vaincus, tirant à l'arc avec les Anglais, luttant avec les Allemands, jouant du bâton avec les montagnards.

C'était en partageant les jeux de ces hommes, aux jours du repos, qu'il les entraînait à sa suite, les poussait en avant, ou les ralliait autour de lui aux jours du combat.

Au reste, des sentinelles veillaient aux murailles et aux portes, comme si l'ennemi eût été campé à une portée de trait. La consigne était sévère, la discipline inflexible; on pouvait se fier à elles.

Pour le moment, Gaëtano le Bâtard

était assis sur le piédestal d'une statue absente, et songeait... à quoi ? aux choses dont rêvent les condottieri : aux belles femmes, à l'argent, à la guerre.

Il entendit derrière lui la marche régulière de plusieurs personnes, et se retourna.

Trois soldats lui amenaient un étranger.

Un des soldats vint à lui, et lui adressa quelques mots à demi-voix, tandis que les deux autres, arrêtés à dix pas en arrière du premier, se tenaient à la droite et à la gauche de l'homme qu'ils conduisaient à leur chef, bien plus comme un prisonnier que comme un hôte.

Les Gaëtani n'avaient pas, pour exercer l'hospitalité, le jeudi saint, la même raison que les Orsini, aucun des leurs n'ayant été ressuscité ni ce jour-là, ni aucun autre.

Gaëtano inclina le haut de son corps pour écouter le rapport verbal du soldat; puis, l'ayant entendu :

— Ah! ah! dit-il; eh bien, qu'il approche.

Le soldat fit un signe : ses deux compagnons poussèrent l'inconnu du côté de Gaëtano le Bâtard.

Celui-ci le regarda venir sans se lever, jouant de la main gauche avec son poignard au manche doré, et, de la droite, avec sa moustache noire.

Puis, quand il fut en face de lui :

— C'est donc toi, dit-il, qui as la prétention de traverser nos domaines sans payer ton droit de passage?

— Monseigneur Gaëtano, dit l'étranger en s'inclinant, je ne refuserais pas de payer si je possédais la somme que vos hommes me demandent; mais je viens de l'autre bout du monde pour recevoir la bénédiction du saint-père, et je suis pauvre comme un pèlerin qui compte sur l'aide des bons cœurs et des âmes pieuses pour arriver au terme de sa route.

— Combien t'a-t-on demandé?

— Un écu romain.

— Ah ça! mais c'est donc une somme considérable, qu'un écu romain? demanda en riant le Bâtard.

— Tout est relatif, monseigneur, répondit humblement l'étranger; un écu romain est une somme plus considérable pour celui qui ne l'a pas, c'est-à-dire pour moi, qu'un million ne l'était pour celui qui a fait élever ce monument.

Et il montra du bout de son bâton le tombeau de Cecilia Metella.

— Alors, tu n'as pas même un écu romain?

— Vos soldats m'ont fouillé, monseigneur, et n'ont trouvé sur moi que quelques sous de cuivre.

Gaëtano jeta un coup d'œil interrogateur sur les soldats.

— C'est vrai, dirent ceux-ci : voilà tout ce qu'il possédait.

Et ils montrèrent quelques pièces de monnaie faisant à peu près un demi-paul.

— C'est bien, dit Gaëtano, on va te rendre tes baïoques ; mais tu n'en es pas quitte pour cela ; il est d'habitude ici que l'on paye d'une façon ou de l'autre. Les jeunes et jolies filles payent, comme sainte Marie l'Égyptienne, avec leur personne ; les riches payent avec leur bourse ; les marchands, avec leurs marchandises ; les ménétriers nous jouent un air ; les improvisateurs nous récitent des vers ; les baladins nous dansent un pas ; les bohémiens nous disent la bonne aventure ; chacun a sa monnaie en ce monde, et nous paye avec sa monnaie. Dis-nous quel est ta monnaie, à toi, et paye-nous avec celle-là.

Le pèlerin regarda autour de lui, et, voyant, à cent pas à peu près, un de ces grands boucliers anglais faits en forme de cerf-volant qui était planté en terre par la pointe, et tout hérissé de flèches :

— Eh bien, s'il vous plaît, monseigneur, dit-il humblement, j'apprendrai à ces braves gens à tirer de l'arc.

Gaëtano le Bâtard éclata de rire, et, comme les Anglais n'avaient pas compris les paroles du nouveau venu, celui-ci ayant parlé en italien :

— Savez-vous ce que cet homme offre pour son péage? reprit Gaëtano dans ce patois que nous avons dit être la langue courante des condottieri; il offre de vous donner une leçon d'adresse!

Les archers, à leur tour, éclatèrent de rire.

— Que dois-je répondre? demanda Gaëtano.

— Oh! acceptez, capitaine, dirent les Anglais, et nous allons nous amuser.

— Eh bien, soit, dit Gaëtano en se

retournant vers l'étranger. Les Anglais vont tirer d'abord tous ensemble dans le bouclier que tu vois là-bas; les trois qui approcheront le plus près du but concourront avec toi à un nouvel essai, et, si tu l'emportes sur eux, non-seulement tu auras le passage libre, mais encore, sur ma parole, cinq écus romains que je te donnerai de ma poche pour payer ton passage aux autres barrières.

— J'accepte, dit l'étranger; mais hâtez-vous : je dois être à trois heures sur la place Saint-Pierre.

— Oh! bon! dit Gaëtano; alors, nous avons le temps; à peine est-il midi.

— Il est midi et demi, dit l'étranger en regardant le soleil.

— Faites attention à vous, mes braves! dit Gaëtano, s'adressant aux archers, car vous allez lutter avec un homme qui m'a l'air d'avoir le coup d'œil juste.

— Oh! dit un des archers nommé Herbert, qui était le meilleur tireur de la troupe, il m'est avis qu'il est plus facile de voir l'heure au soleil que de mettre à cinquante pas le fer d'une flèche dans un demi-paul.

— Vous vous trompez, mon ami, dit l'étranger en excellent anglais, l'un n'est pas plus difficile que l'autre.

— Ah! dit Herbert, si vous êtes né de l'autre côté du détroit, comme l'annonce votre façon de parler notre langue, il n'y a rien d'étonnant à ce que vous soyez bon archer.

— Je ne suis pas né de l'autre côté

du détroit, j'ai seulement voyagé en Angleterre, reprit le pèlerin ; mais hâtons-nous, s'il vous plaît ; j'ai dit à votre chef que j'étais pressé, et il permet que notre essai se fasse sans retard.

— Allons, Edwards ! allons, Georges ! cria Herbert, préparez un bouclier pour prendre la place de celui-ci ; tracez un cercle de six pouces de diamètre, et, au milieu du cercle, collez une mouche.

Les deux Anglais interpellés par leur camarades se hâtèrent d'obéir. Ils préparèrent un bouclier complétement intact, tandis que les autres archers allaient arracher les flèches du bouclier qui servait de but.

Puis, pour donner à l'étranger une plus haute idée de leur adresse, et lui offrir une difficulté plus grande, ils transportèrent le bouclier de cinquante à cent pas..

Enfin, l'ancien bouclier placé à distance et le nouveau bouclier préparé, les archers, comme un essaim d'abeilles qui se groupent autour de leur chef, se groupèrent autour d'Herbert, qu'ils reconnaissaient tacitement pour exercer sur eux la royauté de l'adresse et du coup d'œil.

Alors, on vit ce que peut faire sur les hommes une grande émulation : chacun à son tour lança sa flèche, et, malgré la distance augmentée du double, les cinquante flèches — les archers étaient cinquante — portèrent toutes dans le bouclier.

Onze flèches avaient frappé dans le cercle intérieur ; mais, comme on l'avait prévu d'avance, les trois flèches les plus rapprochées de la mouche étaient celles d'Edwards, de Georges et d'Herbert.

— Bien tiré, enfants ! dit Gaëtano en battant des mains ; on boira ce soir du meilleur vin de la cave à la santé de ceux qui ont tiré ces cinquante flèches... Et, maintenant, aux trois vainqueurs et à notre pèlerin ! Êtes-vous prêt, mon maître ?

L'étranger fit de la tête un signe affirmatif.

— Bon ! dit le Bâtard, vous savez qu'il y a cinq écus romains pour celui qui mettra sa flèche le plus près de la mouche... Allons, au bouclier !

Un archer alla arracher de terre l'ancien bouclier, tout chargé de dards comme un porc-épic, et y substitua le bouclier intact.

— Place ! place ! place ! cria-t-on de toutes parts.

Ce n'étaient plus seulement les archers qui s'intéressaient à la lutte, c'étaient tous ces hommes qu'une espèce de nationalité, comme nous l'avons dit, reliait entre eux. Les Allemands avaient cessé la lutte, les montagnards avaient jeté leurs bâtons ; tous étaient accourus, formant un cercle immense autour du groupe composé de Gaëtano le Bâtard, du pèlerin et des trois archers destinés à soutenir vis-à-vis de l'étranger l'honneur de la vieille Angleterre.

—Dépêchons-nous, dépêchons-nous, murmura le pèlerin en regardant de nouveau le soleil, il est une heure moins un quart.

— Nous sommes prêts, répondit Herbert, et nous allons tirer selon le rang que les lettres initiales de nos noms tiennent dans l'alphabet. A toi, Edwards, la première flèche ; à toi, Georges, la seconde ; à moi la troisième. Le pèlerin tirera le dernier. A tout seigneur, tout honneur !

En effet, au jeu de l'arc, l'honneur du coup est à celui qui tire le dernier.

— Gare ! dit Edwards en s'avançant.

Edwards avait d'avance choisi celle de ses flèches qu'il tenait pour la meilleure, et il l'avait placée sur son arc. Parvenu à l'endroit d'où il devait tirer, il s'arrêta deux fois, amena à lui la corde de son arc, deux fois la détendit.

Enfin, à la troisième fois, la flèche s'échappa en sifflant, et alla s'enfoncer dans le cercle tracé sur le bouclier, à deux pouces à peine au-dessus de la mouche.

— Ah! murmura-t-il, si le bouclier eût été seulement à dix pas plus loin, je mettais ma flèche en plein but! Mais n'importe, je crois que le coup n'est pas mauvais.

Ses camarades, en l'applaudissant, lui prouvèrent qu'ils étaient de son avis.

— A ton tour, Georges, dit Gaëtano le Bâtard, et mesure bien la distance.

— Je ferai de mon mieux, monseigneur, dit l'archer.

Et, pour prouver la disposition dans laquelle il était, il tira l'une après l'autre trois flèches de sa trousse; mais, jetant les deux premières comme défectueuses, il ne s'arrêta qu'à la troisième.

Cette troisième flèche, il l'ajusta sur son arc, qu'il tendit d'un mouvement à la fois lent et ferme, et lâcha le trait.

La flèche alla frapper le bouclier, et, malgré la distance, il fut facile de voir qu'elle gagnait de quelques lignes sur celle d'Edwards.

— Ma foi, dit Georges, voilà tout ce que je puis faire; qu'un autre fasse mieux!

— Bravo, Georges! bravo, Georges! crièrent les spectateurs en applaudissant.

C'était au tour d'Herbert, c'est-à-dire de celui sur lequel on comptait le plus.

Il s'avança gravement et lentement comme un homme qui sent tout le poids de la responsabilité qui pèse sur lui.

Aussi mit-il encore plus d'attention que Georges dans le choix du projectile qu'il s'apprêtait à lancer. Il vida entièrement sa trousse à ses pieds, posa un genou en terre, et choisit longuement et avec soin une flèche dont la pondération fût parfaite. Puis, se relevant, il tendit la corde de son arc de manière à la ramener jusque derrière sa tête, demeura un instant aussi immobile que le chasseur antique changé en marbre par la vengeance de Diane, — et lâcha le coup.

La flèche passa invisible, tant elle passait rapide, et alla s'enfoncer si près de la mouche, qu'elle en entama le contour.

Tous les condottieri, les archers surtout, étaient restés les yeux fixes et la poitrine haletante; mais, quand ils virent le résultat du coup, une immense acclamation en trois ou quatre langues s'échappa de la bouche de ces hommes, qui se regardaient tous comme intéressés dans leur orgueil à ce que l'un d'eux, quelle que fût sa spécialité ou sa nation, l'emportât sur un étranger. Puis, d'un même mouvement, tous s'élancèrent vers le but, chacun voulant juger par ses propres yeux de la place où avait frappé la flèche d'Herbert.

Comme nous l'avons dit, la mouche était effleurée.

Alors, d'une commune voix, les archers poussèrent leur acclamation habituelle :

—Hourrah pour la vieille Angleterre !

Et les cris redoublèrent, chacun s'empressant autour du but, et montrant à Gaëtano, avec force bravos et clameurs, cette flèche qui, personne n'en doutait, devait remporter la victoire.

Pendant ce temps, le pèlerin, sans prendre la peine de se débarrasser de son manteau, s'était contenté de poser son bâton à terre, avait ramassé un des arcs abandonnés par les archers, avait pris, parmi les flèches sorties de la trousse d'Herbert, la première flèche venue, et l'avait ajustée sur son arc.

— Gare ! cria-t-il tout à coup d'une voix forte.

Les condottieri entouraient le but; ils

se retournèrent, et, voyant, à cent pas d'eux, le voyageur qui levait son arc, ils s'écartèrent rapidement. A peine le bouclier fut-il démasqué, qu'ils entendirent passer la flèche, qui s'arrêta, en tremblant, juste au milieu de la mouche.

Il s'était écoulé si peu de temps entre le cri de l'étranger et l'arrivée de sa flèche, qu'on eût pu croire qu'il avait lâché le coup sans prendre la peine de viser.

— Lui était resté debout, appuyé sur son arc.

Quand on s'approcha du but, on s'aperçut que le bouclier, fait d'une claie d'osier recouverte de trois peaux de taureau entre chacune desquelles était une plaque de fer, avait été percé de part en part.

La flèche passait de l'autre côté d'une longueur de six pouces!

Les archers se regardèrent stupéfaits : pas un cri, pas un souffle, pas une haleine ne sortit de leur bouche.

— Eh bien! demanda Gaëtano, après un moment de silence, que dis-tu de cela, Herbert?

— Je dis qu'il y a magie ou surprise, répondit l'archer, et je demande une seconde épreuve.

— Tu l'entends, pèlerin, dit Gaëtano, s'adressant à l'étranger, tu ne peux pas refuser sa revanche à un brave archer qui doute que tu sois un simple mortel comme lui, et qui te prend pour le dieu Apollo, déguisé en berger, et gardant les troupeaux du roi Admète.

— C'est bien, dit l'étranger; mais,

quand j'aurai donné cette revanche, me laissera-t-on partir?

— Oui, oui, crièrent d'une seule voix tous les condottieri.

— Je t'engage ma parole de chevalier, dit Gaëtano.

— Soit, dit le pèlerin, toujours de sa place, tandis que les aventuriers, de leur côté, continuaient d'entourer le but, qu'ils regardaient avec autant d'étonnement que d'admiration ; — mais la distance à laquelle nous avons fait ce premier essai me paraît bonne à exercer des enfants. Portez le bouclier à deux cents pas plus loin, et, alors, je ne demande pas mieux que de faire raison à Herbert et même à ses deux compagnons.

— Deux cents pas plus loin ! tirer à

trois cents pas? mais vous êtes fou, mon maître! s'écria Herbert.

— Portez le bouclier à deux cents pas plus loin, répéta l'inconnu; j'ai accepté vos conditions sans les débattre; c'est à vous, maintenant, d'accepter les miennes sans les discuter.

— Faites ce qu'il demande, ordonna impérieusement Gaëtano; c'est à lui, en effet, de dire à présent ce qu'il veut.

Deux hommes prirent le bouclier; mesurèrent la distance; et l'allèrent porter jusqu'à l'extrémité du cirque.

Les autres aventuriers, Gaëtano en tête, revinrent silencieux à l'endroit où les attendait le pèlerin.

Herbert jeta un coup d'œil sur le bouclier, et, regardant avec découragement son arc et ses flèches :

— Impossible, dit-il, de tirer à une distance pareille !

— Oui, dit l'inconnu, avec ces jouets d'enfant, impossible, j'en conviens ; mais je vais vous montrer les armes avec lesquelles je vous défie.

Alors, indiquant du doigt aux condottieri une espèce de fragment de rocher long de dix pieds, large de cinq, qui sortait du sol rugueux, couvert de mousse, et sous la forme d'un gigantesque couvercle de sépulcre :

— Levez cette pierre, dit-il.

Les condottieri se regardèrent, ne comprenant rien à cet homme qui leur paraissait un être surhumain, et hésitant à lui obéir.

— N'avez-vous pas entendu ? demanda Gaëtano.

— Si fait, répondit Herbert en grommelant; mais est-ce donc cet homme qui ordonne ici, maintenant?

— C'est lui, si je veux, dit Gaëtano; levez cette pierre !

Huit ou dix aventuriers se mirent à l'œuvre; mais, si bien qu'ils combinassent leurs efforts, ils ne parvinrent pas même à ébranler l'énorme bloc.

Ils se redressèrent, et, regardant Gaëtano :

— Cet homme est fou! dirent-ils; autant vaudrait nous donner l'ordre d'arracher le Colysée !

— Ah ! c'est vrai, murmura le voyageur, se parlant à lui-même, je me rappelle, le tombeau a été scellé en dedans.

Et, s'approchant à son tour du bloc de granit :

— Écartez-vous, dit-il ; je vais essayer, moi.

Alors, jetant bas son manteau, il se courba par dessus un des angles du sépulcre, attacha ses mains nerveuses aux anfractuosités des roches ; puis, collant ses bras à la pierre comme un bas-relief, il lui imprima trois secousses successives.

On eût dit Ajax ou Diomède arrachant des plaines de Troie une de ces bornes gigantesques avec lesquelles ils écrasaient la moitié d'une armée.

Au premier effort, la pierre se gerça ; au second, les crampons de fer se rompirent ; au troisième, le couvercle de granit se souleva et découvrit un tombeau dans lequel était couché le squelette d'un géant.

La tête seule manquait.

Les aventuriers jetèrent un cri de surprise mêlé de terreur, et reculèrent effrayés. Gaëtano passa sa main sur son front humide de sueur.

C'étaient bien là, en effet, ces grands ossements dont parle Virgile, et qui devaient, mis à jour dans leur sépulcre par le fer de la charrue, glacer d'étonnement les races à venir.

Le géant avait près de lui un arc de neuf pieds de long, et six flèches de trois coudées chacune.

— Eh bien ! Herbert, demanda l'inconnu, croyez-vous qu'avec cet arc et ces flèches, on puisse tirer à trois cents pas ?

Herbert ne répondit point : lui et ses compagnons semblaient courbés sous le poids d'une terreur superstitieuse.

Le premier à qui la parole revint fut Gaëtano.

— Quels sont ces ossements? demanda-t-il d'une voix dont il essaya en vain de dissimuler l'émotion, et pourquoi ce squelette n'a-t-il plus de tête?

Ces ossements, répondit l'inconnu avec un sourire d'une profonde tristesse, et comme il en passe sur les lèvres des vieillards qui racontent des choses qu'ils ont vues au temps de leur jeunesse; ces ossements sont ceux d'un homme qui, lorsqu'il était debout, avait huit pieds de haut, de sorte que, sans sa tête, il serait encore aujourd'hui le plus grand de nous tous. Il était né dans la Thrace; son père descendait des Goths, sa mère des Alains. Il avait été pâtre d'abord dans ses montagnes, puis soldat sous Septime Sévère, puis centurion sous Caracalla, puis tribun sous Élagabale, puis, enfin, empereur après Alexandre. Il portait à son pouce, en guise de bagues, les bracelets de sa femme ; il traînait d'une seule main un chariot chargé ; il ramassait la première pierre venue, et en faisait de la poussière entre ses doigts ; il terrassait les uns après les autres, et sans reprendre haleine, trente lutteurs ; il courait à pied aussi vite qu'un cheval lancé au galop ; il faisait trois fois le tour du grand Cirque en quinze minutes, et, à chaque tour, il emplissait une coupe de sueur ; enfin, il mangeait quarante livres de viande par jour, et vidait une amphore d'un seul coup. Il s'appelait Maximin ; il fut tué devant Aquilée par ses propres soldats, qui expédièrent sa tête au sénat, lequel la fit brûler à la vue du peuple dans le champ de Mars. Soixante ans après, un autre empereur qui prétendait descendre de lui envoya chercher son corps à Aquilée; puis, comme il faisait bâtir ce cirque, il le coucha dans le sépulcre, et, comme l'arc et les flèches étaient les armes favorites du défunt, il mit près de lui ces flèches en roseaux de l'Euphrate, cet arc en frêne de Germanie, cette corde en fil d'amiante, sur laquelle ne peuvent ni l'eau, ni le feu, ni le temps, et, de ce sépulcre impérial, il fit la borne autour de laquelle tournaient ses chevaux et ses chars. Cet autre empereur s'appelait Maxence. — Allons, Edwards ! allons Georges ! allons, Herbert ! je suis pressé... prenez vos arcs et vos flèches ; quant à moi, voici les miens.

Et, tirant l'arc et les flèches hors du tombeau, il gravit le piédestal sur lequel était assis Gaëtano à son arrivée, déposa les six flèches à ses pieds, et, comme Ulysse tendit son arc sans effort, lui, ainsi qu'il eût fait d'un arc ordinaire, banda l'arc de Maximin.

— Et bien, soit ! dit Herbert ; il ne sera pas dit que des archers anglais auront refusé de tenter ce qu'un autre aura fait. —Voyons, Edwards ; voyons ; Georges, faites de votre mieux ; je vais tâcher de faire, moi, ce que je n'ai jamais fait.

Les deux archers se préparèrent, mais en secouant la tête d'un air découragé, et pareils à des hommes qui entreprennent une chose qu'ils savent d'avance être impossible.

Edwards prit rang le premier, tendit son arc, et lança sa flèche; mais la flèche décrivit sa parabole, et s'enfonça en terre vingt pas avant d'avoir atteint le bouclier.

— Je l'avais bien dit! murmura Edwards.

Et il céda sa place à Georges.

Georges se présenta à son tour, et tout son effort se borna à ce que sa flèche portât un peu plus loin que celle de son compagnon, et tombât à quelques pieds seulement du bouclier.

C'est tenter Dieu, murmura-t-il en se retirant, que de demander à l'homme au delà de ses forces!

Enfin, Herbert, qui avait de nouveau tendu son arc, qui avait choisi sa meilleure flèche, et qui avait fait tout bas sa prière à saint Georges, atteignit le but, mais si faiblement, que la flèche ne put pas même entamer le premier cuir et tomba près du bouclier.

— Ma foi, dit-il, tant pis! voilà tout ce que je puis faire pour l'honneur de la vieille Angleterre.

— Voyons, dit alors le pèlerin, ce que je pourrai faire, moi, pour la gloire de Dieu.

Et, sans quitter le piédestal, du haut duquel, pareil à une divinité antique, il dépassait d'une coudée et demie tous les spectateurs, il envoya, l'une après l'autre, contre le bouclier les six flèches, qui dessinèrent une croix, — les quatre premières formant l'arbre, les deux autres la branche.

Un cri d'admiration s'éleva parmi les spectateurs, quand les deux dernières flèches surtout eurent expliqué, en complétant le religieux symbole, l'intention de l'archer mystérieux; alors, la plupart, croyant à un miracle, firent sur leur front le signe sacré que l'inconnu venait de tracer sur le bouclier.

— Ce n'est pas un homme, dit Herbert, c'est le dieu Teutatès ou Thor, fils d'Odin, qui se décide à se convertir à la foi chrétienne, et qui va demander au pape la rémission de ses vieux péchés.

L'inconnu entendit ces paroles, et tressaillit.

— Ami, dit-il, tu n'es peut-être pas aussi loin de la vérité que tu le crois...

Prie donc pour moi, comme tu prierais,
non pas pour un dieu qui se rallie, mais
pour un homme qui se repent!

Puis, se tournant vers Gaëtano le Bâtard :

— Monseigneur, dit-il les cinq écus
que vous m'avez promis sont à Edwards,
à Georges et à Herbert, auxquels je demande, ainsi qu'à vous, pardon de mon
orgueil. Hélas! je viens d'avouer tout
bas, et j'avoue maintenant tout haut,
que je suis un grand pécheur!

Puis, s'inclinant avec humilité :

— Avez-vous autre chose à exiger de
moi, demanda-t-il, et voulez-vous me
permettre de continuer mon chemin?

— Pour mon compte, dit Gaëtano,
je n'y vois aucun empêchement, avec
d'autant plus de raison que tu as ma pa-

role, et, à moins qu'il ne convienne aux lutteurs et aux joueurs de bâton de te demander une leçon pareille à celle que tu viens de donner aux archers, tu es libre.

Mais les Allemands et les montagnards firent de la tête un signe indiquant qu'ils étaient satisfaits d'avoir assisté à la leçon que venaient de recevoir les archers.

Alors, s'adressant aux premiers dans le plus pur allemand, et aux autres tour à tour dans le dialecte écossais, basque ou piémontais :

— Je remercie mes frères les Germains et mes frères les montagnards, dit le voyageur, de ne plus s'opposer à ce que je continue ma route, et les conjure de se joindre, sinon de paroles, du moins d'intention, aux prières qu'Edwards, Georges et Herbert voudront bien dire pour moi.

Et, déposant l'arc gigantesque aux mains du chef des condottieri, il rejeta son manteau sur son épaule, reprit à la main son bâton, salua humblement à droite et à gauche, et, par une des brèches du cirque de Maxence, du même pas dont il était venu, il regagna la voie Appienne.

De tous ces aventuriers, qu'il laissait pleins d'étonnement, d'admiration et surtout de doute, une partie l'accompagna jusqu'à la route romaine, tandis que l'autre monta sur les ruines pour le suivre plus longtemps des yeux.

Alors, les uns et les autres assistèrent à un singulier spectacle, et qui laissa dans leur esprit une bien autre impression encore que ce qu'ils venaient de voir.

La troisième tour qui commandait la via Appia, avant d'arriver aux murailles d'Aurélien, ceinture de Rome, appartenait aux Frangipani, famille non moins noble, non moins puissante que celle des Orsini et des Gaëtani, et dont le dernier descendant vient de mourir de nos jours au monastère du mont Cassin.

Nous avons dit que leur nom venait de la quantité de pains qu'ils rompaient tous les matins en faisant l'aumône : — *frangere panes*.

De même que leurs confrères avec lesquels nous venons de faire connaissance, les Frangipani vivaient d'extorsions, de vols et de pillages, et leur château était là comme un dernier péage placé près de la porte de la ville.

Mais, sans doute, le voyageur était pressé d'arriver, car, cette fois, au lieu d'essayer, comme il l'avait fait à Casa-Rotondo et au château des Gaëtani, de passer à travers les domaines de ces maîtres du chemin, il contourna les remparts de la forteresse, ne répondant point aux *qui vive* des sentinelles placées au haut de la tour.

Les sentinelles appelèrent leurs camarades.

Une vingtaine d'hommes accoururent voyant le pèlerin qui, alors, continuait son chemin, ne daignant pas leur répondre et refusant de s'arrêter, archers et arbalétriers tendirent, ceux-ci leurs arcs, ceux-là leurs arbalètes, et l'accablèrent de traits.

Mais lui, à travers les projectiles mortels qui obscurcissaient l'air, poursuivit sa route sans hâter ni ralentir son pas, ne s'inquiétant guère plus de ces flèches et de ces traits d'arbalète que si c'eût été une grêle ordinaire; seulement lorsqu'il fut hors de leur portée, il se contenta de secouer son manteau et sa tunique : les traits et les flèches qui s'y étaient attachés tombèrent, et, débarrassé de ce poids inutile, il disparut derrière l'arc de Trajan, sous cette voûte qu'on appelle aujourd'hui la porte Saint-Sébastien.

URBI ET ORBI.

Tandis que les condottieri, gardiens de la voie antique, de Casa-Rotondo à la tour des Frangipani, se demandaient avec une curiosité mêlée d'effroi, et sans pouvoir résoudre la question, quel était cet homme qui parlait toutes les langues avec la même facilité que si chacune de celles qu'il parlait fût la sienne, qui savait l'histoire des siècles passés comme s'il eût vécu dans tous les siècles; qui connaissait le gisement des trésors enfouis comme si lui-même eût tracé l'inscription des pierres qui les recouvraient; qui soulevait le couvercle d'un tombeau impérial scellé de fer et enduit de ciment romain comme il eût fait d'un couvercle de coffre; qui tirait à la cible avec l'arc des géants, et, à trois cents pas, dessinait sur un bouclier la figure de la croix; et qui enfin, passant invulnérable au milieu des traits et des flèches de toute une garnison, se contentait, une fois passé, de secouer son manteau et sa tunique ; — lui, le voyageur mystérieux, s'acheminait à travers les rues de Rome, comme si depuis longtemps ces rues lui eussent été familières.

La porte Saint-Sébastien franchie, il avait trouvé la rue barrée par des chatnes. Ces chaînes partaient du bas de l'arc de Drusus, élevé, chose rare! après la mort du héros auquel il était destiné à faire honneur. Au sommet de cet arc, constatant les victoires du père de Germanicus et de Claude sur les Germains, les Frangipani avaient bâti une tour, et, pour laisser passer les voyageurs, ils exigeaient d'eux un péage qu'il partageaient avec les moines de Saint-Grégoire à la montée de Scaurus. Mais, en faveur de la solennité du jour, et surtout de ce que le pèlerin leur dit qu'il avait déjà été visité par les Orsini, les Gaëtani et les Frangipani de la via Appia, les Frangipani de l'arc de Drusus le laissèrent passer.

Un instant après, il rencontrait, à sa droite, la petite chapelle élevée sur la place même où avait eu lieu le miracle de la résurrection de Napoleone Orsini; il laissait à sa gauche les thermes de Caracalla, et s'engageait dans la rue du Grand-Cirque, bordée des deux côtés par les ruines de l'immense édifice, et ombragée, à cette époque encore, par la voûte Triomphale.

C'est dans ce cirque que César et Pompée donnèrent leurs fameuses chasses de bêtes et leurs incomparables combats de gladiateurs; sanglantes solennités où l'on tua en un jour trois cents lions à crinières! fêtes homicides où s'égorgèrent dans une seule lutte cinq cents gladiateurs!

Le voyageur passa outre.

En sortant du cirque, il laissa à sa droite les ruines gigantesques du palais impérial : plus loin, à sa gauche, le temple de Vesta ; plus loin encore, il effleura du bout de son manteau la maison de Colazzo da Rienzi, toute fraîchement sculptée, et qui devait sembler à cette époque un ouvrage d'ivoire sorti de la main patiente des Chinois. En marchant toujours, il joignit et dépassa, le laissant à sa droite, le théâtre de Marcellus, une des forteresses des Savelli ; puis il prit la rue qui, en longeant le théâtre de Pompée, point de repère des Orsini au centre de Rome, se rendait directement par la Vallicella à la basilique de Constantin.

A mesure que l'on approchait de la vieille et sainte bâtisse qui précéda l'église actuelle de douze siècles, les rues devenaient de moins en moins praticables, à cause de l'encombrement qu'occasionnaient les milliers de fidèles accourus non-seulement des environs de Rome et de la plupart des villes de l'Italie, mais encore de tous les points du monde, afin de recevoir la grande bénédiction. Néanmoins, où tout autre voyageur eût été forcé de s'arrêter, notre pèlerin trouvait moyen de continuer sa route ; où nul n'eût pu passer, l'inconnu savait se frayer un chemin.

Il arriva ainsi jusqu'au milieu de la place Saint-Pierre, pénétra dans la grande cour, espèce d'atrium inhérent à toutes les basiliques qu'on appelait le *Paradis*, et au milieu de laquelle s'élevait une fontaine jaillissante. Là seulement, lorsqu'il fut parvenu au premier rang de la foule qui encombrait cette cour, il s'arrêta. C'était juste l'endroit où se trouvait autrefois l'entrée du cirque de Néron, cirque fatal, où tant de chrétiens avaient péri, d'où tant de martyrs étaient montés au ciel!

Devant le voyageur se dressait, enfin, la basilique avec ses cinq portes.

La première s'appelait la porte du *Jugement* : c'était celle par où passaient les morts.

La seconde s'appelait la porte de *Ravennes* : elle avait, en effet, été donnée par la colonie des Ravennois qui habitaient au pied du mont Janicule, et qu'on nommait les *hommes de la Flotte*, parce que c'étaient eux qui faisaient toute la navigation du Tibre.

La troisième s'appelait la porte du *Milieu* : elle avait été autrefois d'argent;

— c'était un don d'Honorius Ier et de Léon IV ; — mais elle avait disparu lors du sac des Sarrasins, et avait été refaite en bronze par Eugène IV.

La quatrième s'appelait la porte *Romaine :* elle supportait à son fronton des *ex-voto* offerts à l'église, des chaînes de ports, des cadenas de citadelles, des drapeaux, des enseignes, et jusqu'à des armures.

Enfin, la cinquième s'appelait la porte *Sainte,* ou la porte du *Jubilé,* par laquelle on n'entrait que tous les cinquante ans.

Les trois portes du milieu seules étaient ouvertes.

A travers ces trois portes, on voyait fuir l'intérieur de la basilique, offrant, d'après les formes primitives, cinq rangs de colonnes, avec ses chapelles à droite et à gauche, le chœur au fond dans l'abside, et, au milieu du chœur, la représentation du saint sépulcre, éclairé par cinq cent soixante-sept lampes ardentes.

Les cardinaux s'avançaient deux à deux du fond de la basilique, ayant à la main le cierge et la mitre, dans laquelle ils cachent leur calotte rouge par respect pour le saint-sacrement, porté par le pape à pied, nu-tête, et marchant sous un dais soutenu par huit évêques assistants.

En passant devant l'autel, le pape y déposa le saint-sacrement, et continua sa route vers l'escalier qui conduit à la loge de la Bénédiction, toute tapissée de damas.

En l'attendant, la loge de la Bénédiction était vide.

Le pape et son cortége disparurent; ils venaient d'entrer dans l'escalier.

On entendait les choristes qui continuaient de chanter le *Pange lingua*, cette belle hymne composée par Théodose, évêque d'Orléans, vers l'an 858.

En ce moment, non-seulement dans la cour de la basilique, non-seulement sur la place Saint-Pierre, mais encore dans toutes les rues aboutissant à cette place, comme les rayons d'une étoile à leur centre, on voyait une mer de fidèles, flux immense, houle mouvante et tumultueuse, montant d'un effort unanime vers la basilique, et que la main de Dieu semblait impuissante à fixer.

Tout à coup la loge de la Bénédiction s'ouvrit.

L'océan s'arrêta comme pétrifié. Un

profond silence se fit au-dessus de ces vagues humaines. Trois cent mille chrétiens à la fois plièrent les deux genoux.

Cinq minutes auparavant, on n'eût point entendu passer le tonnerre grondant dans les nues.

On entendit le vol d'une colombe qui traversait la place, et allait se reposer sur le fronton aigu de la basilique.

Le souverain pontife Paul II, porté sur un fauteuil avec la mitre en tête, abrité sous le dais, toujours soutenu par les huit évêques, apparut dans la loge de la Bénédiction.

Un cardinal vient s'agenouiller devant lui, et lui présenta un livre.

Un autre s'approcha de sa gauche tenant un cierge allumé.

Alors, le pape commença de lire dans

le livre, et, quoi qu'il ne forçât point sa voix, on entendit les paroles suivantes qui semblèrent descendre du ciel :

« Les saints apôtres Pierre et Paul, dans l'autorité et le pouvoir desquels nous mettons toute notre confiance, intercèdent en personne pour nous près du trône de Dieu.

» Amen !

» Qu'en considération des prières et des mérites de la bienheureuse Marie, toujours Vierge, du bienheureux archange Michel, du bienheureux Jean-Baptiste, des saints apôtres Pierre et Paul, et de tous les saints, le Dieu tout-puissant ait pitié de vous, et que, vos péchés vous étant remis, Jésus-Christ vous conduise à la vie éternelle.

» Amen !

» Que l'indulgence, l'absolution et la rémission de tous vos péchés ; que le temps de faire une bonne et fructueuse pénitence ; qu'un cœur toujours humble et toujours ouvert au repentir ; que la persévérance dans les bonnes œuvres, vous soient accordés par le Seigneur très-bon et très-miséricordieux.

» Amen !

» Et que la bénédiction du Père tout-puissant, du Fils et du Saint-Esprit descende sur vous, et y demeure pendant l'éternité.

» Amen ! »

En disant ces dernières paroles, le pape se leva, et, en prononçant le nom de chacune des personnes de la très-sainte Trinité, il fit une croix sur le peuple ; puis, à ces mots : « Descende sur vous, et y demeure pendant l'éternité ! » il leva les bras au ciel, les ramena croisés sur sa poitrine, et s'assit.

Aussitôt un cardinal-diacre lut l'indulgence plénière accordée aux assistants, et jeta l'écrit sur la place.

Ce parchemin était l'ambition des trois cent mille personnes assemblées devant la basilique de Saint-Pierre. Pas une qui n'eût donné dix ans de sa vie pour être le privilégié du hasard, ou plutôt du Seigneur, qui parviendrait à s'emparer de ce bienheureux écrit portant la signature du saint-père.

Ce parchemin flotta pendant quelques secondes au gré du vent, et tandis que toutes les mains s'étendaient afin de le saisir, il vint tomber aux genoux du pèlerin.

Celui-ci n'avait qu'à faire un mouvement pour s'en emparer; sans doute il ne l'osa point.

Un de ses voisins le ramassa sans qu'il essayât de le lui disputer; on eût dit que, de cette bénédiction, de cette rémission des péchés, de cette indulgence plénière, il était seul excepté.

Au moment où l'écrit échappa à la main du cardinal, les canons du château Saint-Ange tonnèrent tous à la fois; toutes les cloches de la basilique et les cloches des trois cents autres églises de Rome bondirent et envoyèrent leurs volées à travers les airs. Enfin, le son de cinq cents instruments de musique monta vers le ciel accompagné des cris de joie, de reconnaissance et d'actions de grâces du monde chrétien tout entier, dont chaque ville, en signe de vassalité éternelle, semblait avoir envoyé sa députation vers la ville sainte.

Seul, au milieu de tous ces hommes criant gloire à Dieu, le voyageur resta muet, se leva, entra dans l'église, passa devant le bénitier sans toucher à l'eau bénite, devant l'autel sans faire le signe de la croix, devant le grand pénitencier sans s'agenouiller et lui demander l'absolution, et entra dans la chapelle des pèlerins.

Il est d'usage que, le jeudi saint, en descendant de la loge de la Bénédiction, le pape lave les pieds à treize pèlerins. Ces treize pèlerins, pendant les trois jours sacrés, deviennent les hôtes du pape, et sont nourris par lui.

Douze étaient déjà sur leurs siéges, et attendaient.

Le treizième siége était vacant.

Le voyageur alla s'y asseoir.

A peine avait-il pris sa place, que le pape entra, toujours porté sur sa chaise.

Là, seulement, sa sainteté descendit, passa dans dans ce que l'on appelle la salle des ornements, où elle quitta la chape blanche, le formale et la mitre de gaze d'or, et où le cardinal-diacre lui mit l'étole violette, le manteau de satin rouge, le formale d'argent doré et la mitre de gaze d'argent.

Ce changement fait, le pape rentra dans la chapelle, s'assit sur le trône préparé pour lui, sans baldaquin, avec deux tabourets pour les deux cardinaux; et deux flambeaux allumés, un de chaque côté du trône.

En même temps, il fit verser l'encens

dans l'encensoir par le cardinal-prêtre, et donna sa bénédiction au cardinal-diacre, qui devait chanter l'évangile prescrit pour la cérémonie.

Le cardinal-diacre chanta l'évangile; après quoi, le sous-diacre donna le livre saint à baiser au pape, tandis que le cardinal-diacre, prenant l'encensoir, l'encensait trois fois, et que les chantres entonnaient le verset : *Mandatum novum do vobis.*

Pendant ce chant, le pape se leva, et, le cardinal-diacre lui ayant ôté sa chape, il s'approcha du premier pèlerin, c'est-à-dire de celui qui était le plus éloigné du voyageur. Deux camériers le suivaient portant dans deux bassins, l'un treize essuie-mains, l'autre treize bouquets de fleurs.

Le trésorier venait après eux, en chape et en rochet, portant une bourse de velours cramoisi, brodée d'or, dans laquelle étaient treize médailles d'or et treize médailles d'argent.

Le voyageur suivait tous ces détails avec une anxiété visible, et il était facile de comprendre qu'il approchait de quelque terrible crise.

La cérémonie commença, rappelant celle de Jésus lavant les pieds des apôtres. A mesure que le pape en avait fini avec un pèlerin, il passait à un autre, et, par conséquent, se rapprochait du voyageur. Alors, la pâleur de celui-ci augmentait, et cette anxiété qui faisait tressaillir tout son corps de mouvements convulsifs devenait plus profonde. Enfin, le pape arriva à lui; le sous-diacre se baissa pour dénouer le cordon de ses sandales; mais en ce moment, le pèlerin retira son pied, et se précipita aux genoux du vicaire de Notre-Seigneur en s'écriant :

— O saint, trois fois saint, je ne suis pas digne que vous me touchiez!

Paul II ne s'attendait point à cet éclat : il se recula presque effrayé.

— Alors, dit-il, que désirez-vous de moi, mon fils ?

— Je désire, ô très-saint père, dit le pèlerin en touchant la dalle de son front, je désire bien humblement que vous entendiez en confession un malheureux pécheur... le plus grand et le plus indigne de ceux que vous avez jamais entendus! le plus grand et le plus indigne de ceux que vous entendrez jamais!

Le pape regarda un instant avec hésitation cet homme prosterné à ses pieds ; puis, comme aux sanglots qui s'échappaient de sa poitrine, comme à sa parole sombre, comme à son geste désespéré il était facile de reconnaître le sentiment d'une profonde douleur :

— C'est bien, mon fils, dit-il, puisque vous faites partie des treize pèlerins, vous êtes mon hôte. Allez donc m'attendre à mon palais de Venise... Aussitôt l'office du jour fini, je vous y joins : j'entendrai votre confession, et, s'il y a un moyen de rendre la tranquillité à votre cœur, espérez, la tranquillité lui sera rendue.

L'inconnu saisit à deux mains le bas de la robe du saint père, la baisa humblement et ardemment, se releva, prit son bâton qu'il avait déposé dans un coin, et sortit de la chapelle suivi des regards étonnés du pape et des cardinaux, des prélats et des douze pèlerins, se demandant quel était cet étranger qui était venu s'asseoir un instant parmi eux, et quel crime si irrémissible il avait commis, qu'il fût obligé de s'adresser au saint-père lui-même pour en obtenir l'absolution.

LE MAUDIT.

Le palais de Venise, vers lequel s'acheminait le voyageur inconnu, bâti par Paul II, d'après les dessins de Julien Maïano, avec les débris du Colysée, et sur l'emplacement des anciennes Septa Julia, venait d'être achevé depuis deux ans à peine. Il s'élevait,— à cette époque où les palais Braccioli, Panfili, Altieri et Buonaparte n'étaient pas encore bâtis,— sur une immense place où, à son avénement au pontificat, le pape Paul II avait, à l'imitation de César, donné un grand repas à tout le peuple romain. Vingt mille couverts avaient été, pendant cinq jours, renouvelés cinq fois par jour, et l'on évaluait à cinq cent mille le nombre des convives qui avaient pris part à cette gigantesque collation.

En effet, Paul II, qui pouvait avoir, alors, cinquante-deux ou cinquante-trois ans, après avoir été un des plus beaux hommes de l'Italie,— si beau, qu'il renonça à s'imposer le nom de *Formose*, qu'il avait choisi d'abord, de peur que l'on n'entachât d'orgueil le choix de ce nom;— Paul II était demeuré un des plus fastueux princes du monde, adorant les bijoux, faisant des collections de diamants, d'émeraudes et de saphirs, et jouant sans cesse avec des pierres précieuses qu'il roulait en cascade de l'une de ses mains dans l'autre.

C'était dans ce magnifique palais, aujourd'hui siège de l'ambassade d'Autriche, qu'il avait donné rendez-vous au voyageur, qui, introduit dans son cabinet, l'attendait avec anxiété.

L'attente ne fut pas longue.—Paul II avait remarqué le costume antique du pèlerin, le caractère profondément accentué de sa physionomie, la violence presque furieuse de son repentir, et toutes ces circonstances réunies lui avaient inspiré une grande curiosité de se retrouver en face de cet homme.

Lorsque le voyageur s'était présenté au palais, venant de la part du pape, les serviteurs de Paul II l'avaient reconnu pour un des treize pèlerins qui devaient être les hôtes du souverain pontife pendant la semaine sainte. En conséquence, d'après les ordres donnés d'avance, ils avaient voulu lui présenter un repas composé de poisson, de gibier maigre et de fruits secs ; mais, comme il avait fait à Casa-Rotondo, le voyageur n'avait accepté qu'un morceau de pain et un verre d'eau qu'il avait mangé et bu debout.

C'était dans cette attitude que Paul II le retrouvait en rentrant dans son cabinet.

Maintenant, comment se faisait-il que cet homme, que nous avons vu jusqu'ici si fort, si puissant, si maître de lui-même, tremblât au bruit des pas qui s'approchaient de la porte de ce cabinet? et comment se fit-il encore que, lorsque cette porte s'ouvrit, et qu'il eut reconnu que c'était bien le souverain pontife qui venait à lui, un tel frisson passa par tout son corps, qu'il fut obligé, pour ne pas défaillir, de s'appuyer à un fauteuil placé à portée de sa main?

Paul II fixa sur lui son grand œil noir, et, à la douteuse lueur de deux bougies, unique lumière qui éclairât le cabinet, il remarqua sa pâleur presque livide.

En effet, placé dans la pénombre comme était l'inconnu, vêtu de sa tunique grise, et enveloppé de son manteau bleu, qui se fondait dans l'obscurité, son visage seul était visible, apparaissant plus pâle encore qu'il n'était peut-être en réalité, au milieu de l'encadrement de sa barbe et de ses cheveux noirs.

Tout autre que le pape Paul II eut hésité, sans doute, à demeurer seul avec cet homme; mais, esprit aventureux, cœur intrépide, Pietro Barbo comprit qu'il avait devant lui quelque chose d'incommensurable comme douleur, sinon comme repentir, et que ce pécheur, venu de si loin pour lui avouer un crime qui ne pouvait être pardonné que par lui, devait nécessairement être un de ces grands coupables comme nous en a légué la seule antiquité, un de ces privilégiés des grandes colères célestes que l'on nomme Prométhée, OEdipe ou Oreste.

Repoussant donc toute terreur vulgaire, il marcha droit à l'étranger.

— Mon fils, lui dit Paul II d'une voix pleine de douceur et de sérénité, je vous ai promis le secours de mon intercession près du Seigneur, je vous l'apporte.

L'inconnu ne répondit que par un gémissement.

— Quel que soit le crime que vous ayez commis, si grande que soit la faute que vous ayez faite, la miséricorde de Dieu est plus grande encore... Confessez ce crime, avouez cette faute, et Dieu vous pardonnera.

— Mon père, répondit l'inconnu d'une voix sourde, Dieu a-t-il pardonné à Satan ?

— Satan s'était révolté contre Dieu; Satan était l'ennemi du genre humain; Satan était la personnification du mal sur la terre... D'ailleurs, Satan ne s'est pas repenti, et vous vous repentez, vous.

— Oui, murmura l'inconnu, humblement, sincèrement, profondément.

— Si vous parlez du cœur et des lèvres à la fois, la moitié du chemin est faite vers la miséricorde divine, et vous n'avez plus qu'à achever... Maintenant, dites-moi qui vous êtes, d'où vous venez, ce que vous demandez.

L'inconnu poussa un second gémissement, et porta ses deux mains à son visage, qu'il déroba entièrement aux regards de son juge, formant un réseau de ses doigts, qu'il croisait convulsivement sur ses yeux et sur son front.

— Ce que je veux ? dit-il, oh ! je le sens bien, je veux la chose impossible :

mon pardon!... D'où je viens? puis-je vous le dire, depuis le temps que j'erre d'un bout du monde à l'autre... Je viens du Nord, je viens du Midi, je viens de l'Orient, je viens du Couchant, je viens de partout! Qui je suis?...

Il hésita un instant, comme si un combat terrible se livrait en lui; puis, avec un geste et un accent désespérés :

—Regardez, dit-il.

Et, relevant des deux mains sa longue chevelure noire, il découvrit son front, et fit luire aux yeux épouvantés du souverain pontife ce signe de flamme que l'ange de la colère céleste imprime au front des maudits.

Puis, faisant un pas vers lui pour rentrer dans le cercle de lumière hors duquel il s'était réfugié :

—Et, maintenant, dit-il, me connaissez-vous?

—Oh! s'écria Paul II, étendant malgré lui le doigt vers le signe fatal, es-tu donc Caïn?

—Plût à Dieu que je fusse ou que j'eusse été Caïn! Caïn n'était pas immortel; il fut tué par son neveu Lamech. Bienheureux ceux qui peuvent mourir!

—Tu ne peux donc pas mourir, toi? demanda le pape en reculant involontairement.

—Non, pour mon malheur; non, pour mon désespoir; non, pour ma damnation! C'est mon supplice, à moi, de ne pouvoir mourir... Oh! ce Dieu qui me poursuit, ce Dieu qui m'a condamné, ce Dieu qui se venge, ce Dieu sait, cependant, si j'ai bien fait tout ce qu'il faut pour cela !

Ce fut le pape qui à son tour voila son visage entre ses mains.

— Malheureux, s'écria-t-il oublies-tu que le suicide est le seul crime sans pardon, parce qu'il est le seul dont on n'ait pas le temps de se repentir ?

— Ah ! dit l'inconnu, voilà que, vous aussi, vous me jugez à la mesure des autres hommes, moi qui ne suis pas un homme, puisque j'échappe à cette loi humaine à laquelle nul n'échappe : à la mort! — Non, je suis, comme Encelade, un titan mal foudroyé qui, à chacun de mes mouvements, à chacune de mes haleines soulève tout un monde de douleurs!... J'avais un père, une mère, une femme, des enfants; j'ai vu mourir tout cela, et les enfants de mes enfants, et je n'ai pu mourir !... Rome la géante est tombée en ruines : je me suis mis aux pieds de la géante qui s'écroulait, et je suis sorti poudreux, mais sain et sauf, du milieu de ses ruines! Du haut des pics qui nouent à leurs flancs une ceinture de nuages, là où Charybde gronde, là où Scylla aboie, je me suis précipité dans la mer : j'ai descendu jusqu'au fond de ses gouffres tournoyants, et, à travers les requins aux nageoires de cuivre, à travers les caïmans aux écailles d'acier, la mer m'a repoussé et jeté sur le rivage comme un débris de navire échoué ! On m'avait dit que le Vésuve était une bouche de l'enfer; je me suis élancé dans le Vésuve au moment où la lave bouillonnait, au moment où le volcan lançait au ciel ses plus profondes entrailles; le cratère a été pour moi ce qu'eût été une couche de sable, un lit de mousse; il m'a vomi avec sa cendre, roulé avec sa lave, et je me suis retrouvé vivant au milieu des fleurs, des prairies, et sous l'ombrage embaumé des orangers de Sorrente ! Une forêt indienne avait pris feu, une de ces forêts de boababs dont un seul forme une forêt : j'entrepris de la traverser, espérant n'en jamais sortir; chaque arbre était une colonne de feu, avait des branches de feu, secouait une chevelure de feu... Je mis trois jours et trois nuits à franchir l'incendie immense, et, entré d'un côté, je sortis de l'autre sans que la flamme eût offensé un seul de mes cheveux! Je savais qu'il existait dans l'île de Java un arbre dont l'ombre et le suc sont mortels ; un homme passant sous cette ombre au galop du cheval le plus rapide tombe mort : j'ai été me coucher sous l'ombre de cet arbre, je me suis étendu entre deux cadavres, je m'y suis endormi, je m'y suis réveillé, et j'ai continué mon chemin ! Dans les lacs des îles encore inconnues de l'Océanie, à cette heure où, à son zénith, le soleil brise ses rayons dans une eau tiède, et fait étinceler sur les feuilles de gigantesques nénuphars des familles entières de serpents enroulés par milliers les uns autour des autres ; là où l'on ne distingue que des nœuds d'or, d'acier et d'émeraude doublement, triplement entrelacés ; là où l'on ne voit que des yeux flamboyants, des gueules enflammées, des langues dardant leurs triples dards ; là où l'on n'entend que des froissements d'écailles visqueuses, des sifflements d'haleines empestées ; là, je me suis laissé glisser à la surface de l'eau, battant l'herbe de mes mains et de mes pieds, prenant à poignées ces chevelures de Méduse, fouettant avec le serpent noir du Cap l'aspic du Nil et la vipère de Ceylan, et ni la vipère de Ceylan, ni l'aspic du Nil, ni le serpent noir du Cap n'ont rien pu contre moi !... Une nuit, je traversais le désert ; je vis venir à moi, avec la rapidité du simoun, à travers l'obscurité transparente du tropique, quelque chose comme une trombe de sable accompagnée de bruits impossibles à définir. Une girafe était allée chercher le frais dans une de ces boueuses lagunes où s'endorment les lions; un lion qui dormait s'était réveillé, et, du milieu des roseaux, bondissant sur les épaules de la girafe, il avait enfoncé ses ongles de fer dans les muscles de son cou. Le cheval gigantesque avait alors pris la fuite, enragé de douleur, insensé d'effroi, emportant le cavalier à la longue crinière, qui rongeait sa proie vivante. Partout où le groupe rapide avait passé, il avait attiré à lui tigres, panthères, léopards, hyènes, chacals, lynx, chasseurs nocturnes cherchant chacun sa proie ; alors tous s'étaient lancés sur leurs traces selon la rapidité ou le courage, rugissant, hurlant, glapissant, les tigres d'abord, les panthères ensuite, puis les léopards, puis les hyènes, puis les chacals, puis les lynx, tous le musean contre terre pour ne pas perdre la piste du sang. A dix pas de moi, la trombe roula : la girafe n'avait plus la force de porter son terrible fardeau; elle étendit son long cou de mon côté, poussa un faible râle et expira... Eh bien, j'allai disputer sa proie au lion; je me ruai au milieu des tigres, des panthères, des léopards, des hyènes, des chacals et des lynx, rugissant, hurlant, glapissant comme eux! Le jour vint : j'étais seul, haletant, mais sans blessures, couché sur le cadavre de la girafe... Tous ces monstres qui eussent déchiré un Hercule, un Antée, un Gerion, avaient regagné, les uns leurs roseaux, les autres leurs jongles, ceux-ci leurs bois, ceux-là leurs cavernes. Ongles et dents s'étaient émoussés sur moi! — Oh! à défaut de pardon, mon Dieu! mourir, mourir, voilà tout ce que je vous demande!...

— Mais, alors, dit le pape, qui avait écouté sans l'interrompre ce long cri de désespoir, le plus terrible, le plus douloureux qu'il eût jamais entendu, si tu n'es pas Caïn... tu es donc?...

Et il s'arrêta comme effrayé de ce qu'il allait dire.

— Je suis, reprit l'inconnu d'une voix sombre, celui qui n'a pas eu pitié de la grande douleur... Je suis celui qui a refusé à l'Homme-Dieu, succombant sous le poids de sa croix, une minute de repos sur le banc de pierre de sa porte... Je suis celui qui a repoussé le martyr du côté de son calvaire... Je suis celui sur lequel Dieu venge, non pas la divinité, mais l'humanité... Je suis celui qui a dit : « Marche! » et qui, en expiation de ce mot, doit marcher toujours... Je suis l'homme maudit! je suis le Juif-Errant!

Et, comme le pape faisait, malgré lui, un pas en arrière :

— Écoutez-moi, écoutez-moi, saint père, s'écria-t-il en l'arrêtant par le bas de sa longue lévite blanche, et quand vous saurez ce que j'ai souffert pendant les quinze siècles que j'ai vécu, peut-être aurez-vous pitié de moi, et consentirez-vous à être l'intermédiaire entre le coupable et le juge, entre le crime et le pardon!

Le pape ne put résister à cette profonde prière; il s'assit, appuya son coude sur une table, laissa tomber sa tête sur sa main, et écouta.

„ Le juif se traîna jusqu'à lui sur ses genoux, et commença.

Maintenant, que le lecteur nous permette de nous substituer à celui qui parle, et nous accorde sa patiente attention pour le gigantesque récit qui, à travers quinze siècles, va se dérouler sous ses yeux.

Ce n'est point, cette fois, l'histoire d'un homme que nous racontons, c'est l'histoire de l'humanité.

FIN DU PROLOGUE.

INTRODUCTION.

JÉRUSALEM.

Il y a des noms de villes ou des noms d'hommes, qui, lorsqu'on les prononce dans quelque langue que ce soit, éveillent, à l'instant même, une si grande pensée, un si pieux souvenir, que ceux qui entendent prononcer ce nom, cédant à une puissance surnaturelle et invincible, se sentent tout près de ployer les deux genoux.

JÉRUSALEM est un de ces noms saints pour toutes les langues humaines; le nom de Jérusalem est balbutié par les enfants, invoqué par les vieillards, cité par les historiens, chanté par les poëtes, adoré par tous.

Dans l'opinion des vieux siècles, Jérusalem était le centre du monde; dans la croyance des siècles modernes, elle est restée le centre de la famille universelle.

Yerousch al Aïm, dont nous avons fait Jérusalem, veut dire *vision de paix;* — ce sera la ville choisie de Dieu, la ville glorieuse, la ville bâtie sur les montagnes saintes.

La tradition du passé dit qu'Adam y est mort; la tradition de l'avenir dit que le Sauveur y naîtra.

Moïse rêve d'en faire la capitale de son peuple errant. — Pourquoi, de ces Hébreux pasteurs; pourquoi, de ces tribus nomades, essaye-t-il, par un labeur de quarante ans, de faire une famille, un peuple, une nation? Pourquoi leur vante-t-il, dans la captivité, le pays de Chanaan? Pourquoi les guide-t-il dans la fuite vers la terre promise? Pourquoi, au milieu de la foudre et des éclairs, demande-t-il pour eux à Jehovah des lois, dans une entrevue dont la majesté semble avoir frappé les rochers du Sinaï d'une stupeur éternelle? C'est pour que la ville de Jésus s'appelle Jérusalem; c'est pour que Jérusalem, qui a précédé la Rome de Romulus, survive à la Rome de saint Pierre; c'est pour que les pèlerins de tous les âges montent vers elle, tantôt couverts de fer et la lance au poing, pour la reconquérir, tantôt pieds nus et le bâton à la main, pour la glorifier.

Aussi, voyez les prophètes, comme ils sont jaloux de cette prédestinée ! Tombe-t-elle sous le glaive de Nabuchodonosor, c'est la prostituée de Babylone ! se relève-t-elle sous l'épée des Macchabées, c'est la vierge de Sion ! la victoire a effacé sa souillure, l'indépendance lui a rendu sa virginité.

C'est que ces mêmes prophètes ont dit d'elle :

« Toutes les nations tendront, un jour, vers moi, et les peuples se diront entre eux : « Venez ! montons vers le dieu
» de Jacob ! Il nous instruira de ses
» principes, et nous marcherons dans

» ses chemins ; car la voix sortira de
» Sion, et la parole par excellence, de
» Jérusalem. Elle servira d'arbitre aux
» nations, et elle censurera les peu-
» ples. Alors, les hommes transforme-
» ront leurs glaives et leurs lances en
» hoyaux et en serpes ; une nation ne
» lèvera plus l'épée contre l'autre, et le
» fruit de la justice sera la sûreté et la
» paix ! »

Aussi, voyez comme Jehovah, — le Dieu unique, le Dieu jaloux, le Dieu fort, le Dieu puissant, le Dieu vengeur, — la protége cette Jérusalem, qui est la *vision de paix*. Moïse, *l'interprète du Seigneur*, tend ses bras vers elle ; David *l'oint du Seigneur*, bâtit ses murailles ; Salomon, le *bien-aimé du Seigneur*, élève son temple : Moïse, c'est-à-dire le DOGME,

David, c'est-à-dire la FORCE, Salomon, c'est-à-dire la SAGESSE.

Jetons donc un coup d'œil sur Jérusalem : voyons-la naître, grandir et tomber, mais tomber providentiellement, tomber devant la puissance romaine, qui enveloppe le monde entre ses bras, et qui, de mille nations, épis séparés, fait une seule gerbe qui mûrira en vue de la civilisation moderne et dans le but de la fraternité universelle, le soleil du christianisme,—seul astre qui luira à la fois pour le riche et pour le pauvre, pour le fort et pour le faible, pour l'oppresseur et pour l'esclave, étant fait de l'étoile des rois et de l'étoile des bergers!

Un des cinq rois qu'a battus Josué à Gabaon, — pendant ce combat de trois jours où le soleil ne se coucha point, afin de donner au vainqueur le temps d'achever sa victoire, — s'est, après sa défaite, réfugié sur une montagne, et s'y est fortifié. — Ce roi se nomme Adonisech; cette montagne s'appelle le mont Sion. — Le peuple auquel commande Adonisech, ce sont les Jébuséens, descendants de Jébus, troisième fils de Chanaan.

La nation élue du Seigneur, la nation qui devait être en lutte avec toutes les nations, faire une guerre d'extermination à tous les peuples ; cette nation avait besoin, pour bâtir sa ville, d'un lieu fortifié par la nature même ; il lui fallait tout autour d'elle des escarpements et des défilés. La *vision de paix* ne pouvait se montrer que sur les hauts lieux. — Écoutez Tacite, et vous allez voir comme il est d'accord avec Moïse, comme il justifie David.

« Jérusalem, située dans une position difficile, avait encore été fortifiée par des ouvrages avancés, et par des masses de constructions qui l'eussent rendue presque imprenable, eût-elle été bâtie au milieu d'une plaine. Les fondateurs de Jérusalem avaient prévu que la différence des mœurs leur attirerait des guerres fréquentes ; c'est pourquoi ils avaient tout disposé contre le plus long siége. »

David comprend bien l'importance de la position, et Adonisech connaît bien la force de la place.

— Venez! venez! crie ce dernier, du haut des remparts, à David et à son armée; nous n'enverrons contre vous que les aveugles et les boiteux : cela suffira pour vous vaincre !

Que répond David? il étend le bras vers l'imprenable forteresse.

— Celui, dit-il, qui montera le premier sur ce rempart, sera mon général, et commandera après moi!

A cette promesse, les trente forts d'Israël s'élancent ; l'armée royale les suit. Joab, neveu du roi, applique son échelle contre la muraille qu'il escalade au milieu des traits, des solives et des quartiers de roc; puis saisit le créneau, saute sur le rempart et s'y maintient jusqu'à ce que ses compagnons viennent le secourir.

La forteresse est prise. — et Joab est ce rude général qui anéantit dans Isobeth, la race de Saül, qui assassinera Abner, et qui plantera lui-même trois lances dans le cœur d'Absalon, le fils de son roi.

Quant à la garnison, — on sait ce que les rois d'Israël font de leurs ennemis, depuis que Saül a été puni pour avoir épargné les Amalécites et leur roi, — l'épée du vainqueur la dévore !

Le chant de triomphe de David nous donnera une idée de l'importance de cette victoire.

« Les rois et les chefs de la terre avaient conspiré ensemble contre nous; ils avaient dit en secret : « Venez, et » nous les détruirons ! ils ne seront plus » une nation, et nous ferons disparaître » le nom d'Israël de la surface de la » terre ! » Mais le Dieu fort a disposé mon bras pour la bataille. J'ai poursuivi mes ennemis, et j'ai toujours marché en avant jusqu'à ce que je les eusse consumés. Ils sont tombés sous mes pieds, et je les ai dispersés comme la poussière au souffle du vent ! J'ai assujetti des peuples que je ne connaissais point ; au bruit de mon nom, ils se sont soumis. L'étranger s'est écroulé et a tremblé dans ses retraites ! »

David est donc maître du formidable emplacement ; il a pour centre de défense trois montagnes reliées par leurs contre-forts mêmes : Sion, Acra et Moriah ; il a trois fossés gigantesques créés par la main qui ébranle les mondes : à l'orient, la profonde vallée de Josaphat, où roule le Cédron ; au midi, le ravin escarpé de Gehennon ; à l'occident, le gouffre des Cadavres. Au nord seulement, la nouvelle ville sera attaquable ;

aussi est-ce par le nord que, malgré sa triple muraille, l'attaqueront successivement Nabuchodonosor, Alexandre le Grand, Pompée, Titus et Godefroy de Bouillon.

Et, maintenant, qu'était le monde à cette époque où David nous apparaît, son épée sanglante à peine rentrée au fourreau, sa harpe entre les mains, et remerciant le Seigneur, qui, en le faisant fort et victorieux, a préparé par lui les grands destins d'Israël?

Le monde n'est pas encore descendu vers l'Europe; il en est aux civilisations patriarcales, théocratiques et sacerdotales de l'Orient.

L'INDE est déjà caduque; elle a des dynasties éteintes et oubliées, des villes dont les noms sont effacés, dont les ruines sont inconnues ; il y a des milliers d'années que sa civilisation s'est levée derrière l'Himalaya : les premiers maîtres auxquels elle se souvient d'avoir obéi, ce sont les Bardht, qui florissaient un siècle après le déluge ; les Chandras, qui remontent à trois mille deux cents ans avant le Christ ; les Djâdouster, qui viennent mille ans après eux. Au reste, on trafique avec elle, on lui achète ses soies, ses cotons, ses étaims, son bois de sandal, sa gomme, sa laque, son huile, son ivoire, ses perles, ses émeraudes, ses diamants ; mais on ne la connaît pas.

L'Égypte, la fille de l'Éthiopie, lui a succédé, comme la Grèce succédera à l'Égypte ; — L'Egypte faite du limon du Nil, sur les bords duquel vingt-quatre dynasties et cinq cents rois ont élevé

Thèbes, Éléphantine, Memphis, Héraclée, Diospolis ; l'Égypte, la mère des Anubis, des Typhon et des Osiris, dieux aux têtes de chien, de chat et d'épervier ; patrie des monuments démesurés et mystérieux ; l'Égypte, avec ses avenues de pylônes, ses forêts d'obélisques, ses camps de pyramides et ses troupeaux de sphinx ; l'Égypte, à la captivité de laquelle les Hébreux viennent miraculeusement d'échapper, et qui a vu engloutir dans la mer Rouge son pharaon Aménophis et sa puissante armée, lesquels avaient eu l'audace de poursuivre le peuple de Dieu ; l'Égypte, avec son azur implacable, son soleil rouge et sanglant comme l'œil d'une fournaise ; l'Égypte, où, chose effrayante ! les morts ont gardé leur forme depuis qu'il y a des morts; où des baumes magiques disputent la matière au néant ; où chaque génération qui passe sur la terre, va, se couchant dessous, se superposer, spectre desséché, aux vingt générations de momies qui l'ont précédée ! l'Égypte, enfin, vaste tombe souterraine, où l'éternité se fait palpable et où rien ne trouble le silence de la mort, pas même le ver du sépulcre !

L'Assyrie vient après elle, et fleurit dans toute sa vigueur. Au nord, Assur, fils de Sem, a fondé Ninive; au midi, Nemrod, petit-fils de Cham, a fondé Babylone ; — Ninive, que le fils de Bélus agrandit en lui donnant son nom, et qui s'étend pendant toute une lieue sur la rive gauche du Tibre; Babylone, où l'on entre par cent portes de bronze, et qui couvre de ses palais, de ses murailles, de ses jardins suspendus les deux rives de l'Euphrate. — Les deux sœurs soupirent d'amour sous les palmiers gigantesques qui ombragent le beau pays berceau du genre humain; elles tiennent les clefs du commerce de l'Asie; elles sont les routes où passent les richesses du monde. Les produits de l'Inde et de l'Égypte leur arrivent, à l'une par l'Euphrate, à l'autre par le Tigre; à toutes deux par d'immenses caravanes de chameaux.

La Phénicie a quelques siècles à peine d'existence; son peuple innombrable fourmille sur l'étroite plage que dominent les cèdres du Liban; — sur le rocher d'Arad, les maisons ont jusqu'à sept étages; — c'est une race impure chassée de l'Inde par Tarakhya, chassée de l'Égypte par Sésostris. Le Seigneur, qui a puni Gomorrhe et Sodome, a oublié Tyr et Sidon : là, les générations pullulent, les races croisées grouillent sans famille certaine, chacun ignorant qui est son père, qui est son fils, tous multipliant au hasard, comme les insectes et les reptiles après les pluies d'orage. Acculés à la Méditerranée, ils l'ont asservie et prise pour esclave, et tandis que Sidon se fait l'atelier de toutes les fines merveilles de l'Asie, Tyr bat les mers avec les ailes de ses mille vaisseaux.

Carthage, leur fille, vient d'être fondée ; c'est la sentinelle avancée de la civilisation orientale en occident. Mais Carthage n'est encore qu'un entrepôt de

Sidon, qu'un comptoir de Tyr, et c'est dans cent cinquante ans seulement que Didon, fuyant son frère, fera de Carthage, en l'agrandissant, la future rivale de Rome.

Athènes, née d'une colonie égyptienne, vient d'épuiser la série de ses rois; ouverte par Cécrops et fermée par Codrus, à sa période monarchique a succédé sa période aristocratique; ses archontes perpétuels la régissent depuis cent ans; c'est déjà la reine de la Grèce. Mais qui connaît la Grèce?—Homère n'est pas né!

Albe grandit, les rois latins reculent de jour en jour ses limites; mais elle a trois siècles encore à parcourir avant d'essaimer sa première colonie, et ses troupeaux paissent sur les sept collines où sera Rome.

Quant à l'Espagne, quant à la France, quant à l'Allemagne, quant à la Russie, ce sont des plaines incultes, des rochers déserts, des forêts profondes, et à peine si l'homme habite ces contrées sauvages, bonnes pour les loups, les sangliers et les ours.

L'Europe n'est encore connue que comme la troisième partie du monde.

Revenons à la ville sainte.

Après David, le roi de la guerre, apparaît Salomon, le roi de la paix. Son père lui a tout préparé pour un règne tranquille. — C'est David qui a usé contre son bouclier la guerre étrangère et la guerre civile; c'est David, enfin, qui a bâti Jérusalem, et qui l'a assise sur un trépied dont l'une des branches, celle de l'occident, s'appuie à la mer Intérieure, et dont les deux autres aboutissent, celle du midi, à la mer des Indes par le golfe Arabique, celle du nord, à la mer Caspienne par les passages de l'Euphrate et du Tigre.

Pour dominer la mer Intérieure, il lui a fallu battre les Philistins ; pour commander le golfe Arabique, il lui a fallu dompter les tribus iduméennes ; enfin, pour devenir maître des passages de l'Euphrate et du Tigre, il lui a fallu vaincre les rois de Syrie et de Damas.

Salomon n'aura plus qu'à bâtir le temple et à fonder Palmyre.

Le jeune roi monte sur le trône l'an 2970 de la création du monde.

Son premier soin et d'aller à la colline de Gabaon offrir à Dieu mille victimes sur l'autel d'airain que Moïse avait fait construire dans le désert ; offrande si agréable au Seigneur, qu'il lui apparaît la nuit suivante, et lui promet, en récompense de sa piété, de lui accorder le don qu'il désirera.

Salomon demanda la sagesse.

Et Dieu lui répondit :

— Puisque tu me demandes la sagesse, qui est l'intelligence du bien et du mal, je t'accorde non-seulement ce que tu me demandes, mais encore la beauté, la richesse et la gloire, si bien qu'aucun roi des siècles passés ne t'aura égalé et qu'aucun roi des siècles à venir ne t'égalera!

« Aussi, dit le troisième livre des *Rois*, l'esprit de Salomon était capable de s'appliquer à autant de choses qu'il y a de grains de sable sur les bords de la mer. »

Et ce fut par cette grâce du Seigneur que Salomon, effaçant la réputation des quatre fils de Mahol, les premiers poëtes du temps, composa trois mille paraboles, fit cinq mille cantiques, écrivit un livre gigantesque sur la création, comprenant les végétaux, depuis le cèdre qui s'épanouit au sommet du Liban jusqu'à l'hysope qui rampe aux gerçures des murailles ; décrivant les animaux des mers, des airs, des forêts et des montagnes, depuis le poisson qui fend les eaux les plus profondes de l'Océan jusqu'à l'aigle qui nage dans l'azur des cieux, et se perd dans les rayons éblouissants du soleil.

Beaucoup de ces livres, beaucoup de ces chants, beaucoup de paraboles, nous sont inconnus, s'étant égarés sur une route de trois mille ans ; mais tout le monde a lu le *Cantique des cantiques*, cette suave vision de la Judée à ses plus beaux jours ; cette fraîche poésie tout imprégnée du parfum des lys de Gelboë et des roses de Saaron ; cette mélodie d'amour que le poëte composa pour le mariage du roi avec la fille du pharaon Osochor, qui lui apportait en dot l'alliance de l'Égypte et la possession de la ville de Gaza sur la Méditerranée.

C'est alors qu'affermi dans sa puissance, il s'occupe de remplir la grande mission de son règne : c'est lui que le Seigneur a choisi pour lui bâtir un temple ; il faut que le temple soit digne du Dieu.

Il a l'or, l'argent, l'airain, les pierreries, les perles, la pourpre et l'écarlate ;

mais il lui manque les bois de cèdre, de genièvre et de pin ; il lui manque surtout l'architecte, le sculpteur, l'artiste qui fondra l'airain, l'argent et l'or, qui enchâssera les pierreries et les perles, qui taillera l'écarlate et la pourpre. Hiram, le roi de Tyr et de Sidon, le vieil allié de son père, lui enverra tout cela, et Salomon donnera aux seuls ouvriers qui couperont le bois dans le Liban vingt mille mesures de blé, vingt mille mesures d'orge, vingt mille pièces de vin et vingt mille tonneaux d'huile.

Hiram dépêche vers le jeune roi un maître habile, et met la cognée dans les montagnes du Liban ; ses ouvriers y travaillent par dix mille, et se relayent tous les mois.

Et le maître envoyé à Salomon est,

en effet, si habile, que les deux cent mille ouvriers qu'il a sous ses ordres lui expédient les charpentes tout équarries, les marbres tout taillés, les colonnes toutes fondues, et cela, d'après des mesures si parfaites, des calculs si exacts, que le temple sort de terre, grandit et s'achève sans que sur le mont Moriah, où il est placé, on ait entendu un seul bruit de scie, un seul coup de marteau !

Salomon avait commencé à bâtir le temple dans la quatrième année de son règne, au second mois de l'année, — que les Macédoniens nomment *arthemisius*, et les Hébreux *zio*, — deux mille neuf cent soixante et onze ans après la création du monde, treize cent quarante ans après le déluge, mille vingt-deux ans après qu'Abraham fut sorti de la Mésopotamie pour venir en la terre de Chanaan, cinq cent quarante-huit ans après la sortie d'Égypte, et mille treize ans avant Jésus-Christ.

Sept ans après le temple était achevé !

Il faudra deux cent vingt ans aux Ioniens pour bâtir le temple de Diane à Éphèse.

Ainsi Dieu, comme il l'avait promis à Salomon, lui ayant donné sagesse, richesse et beauté, lui donna aussi la gloire, en permettant qu'en si peu d'années, il bâtit un si magnifique temple.

On sait le jugement qui prouva que la sagesse résidait dans le fils de David. — Parlons un peu, maintenant, de sa richesse et de sa beauté; puis nous abandonnerons à regret cette grande et poétique figure à la nuit du passé, qu'elle illumine, depuis trois mille ans, des rayons de sa gloire et de sa splendeur.

Les richesses de Salomon étaient fabuleuses, si on les compare à l'étendue du royaume auquel il commandait, et surtout à ce qu'est devenu le territoire de ce royaume après une malédiction de dix-huit cents ans. Il avait d'abord les immenses trésors amassés par son père, puis ceux qu'il se faisait du revenu annuel de son royaume. Ce revenu s'élevait à six cent soixante-six talents d'or, sans compter les droits dont on frappait les marchandises, le tribut des gouverneurs, des princes et des rois de l'Arabie, ce qui faisait plus de cent millions de notre monnaie. Il avait une flotte magnifique qui partait d'Asiangabar sur la mer Rouge, faisait les voyages d'Ophir, ou de la Terre d'or, et qui, outre quatre-vingts talents d'or en lingots, c'est-à-dire trente millions en deux voyages, rapportait ces perles si estimées de l'antiquité, ces harpes et ces lyres indiennes, auxquelles la Grèce devait emprunter leurs formes, ces dents d'éléphants qui fournissaient l'ivoire en telle profusion, que tous les lambris du palais du roi en étaient incrustés; des singes et des paons, animaux si rares, que Salomon lui seul possédait des singes dans ses ménageries, des paons dans ses jardins. Il avait, enfin, les dons que lui faisait volontairement le royaume, et particulièrement la ville, dons si considérables de la part de cette dernière, que, d'une seule de ces offrandes, il se fit faire un

char d'or, sur le devant duquel on lisait cette phrase, écrite toute en diamants :
« Je t'aime, ô ma chère Jérusalem ! »

Et quand, sur ce char, où éclataient à la fois en lettres de feu l'amour du roi pour son peuple et l'amour du peuple pour son roi, Salomon, se rendant à son palais de Hittam, situé à cent vingt stades hors de la ville, passait calme et majestueux, tout vêtu de blanc comme un messager du Seigneur, accompagné d'une troupe des plus beaux et des plus nobles jeunes gens de l'Idumée vêtus de la pourpre tyrienne, armés d'arcs et de carquois, portant leurs longs cheveux couverts de papillotes d'or qui faisaient paraître leurs visages resplendissants de lumière comme ceux des anges, de même qu'il était déjà le roi de la sagesse et de la richesse, Salomon était encore, selon la promesse du Seigneur, le roi de la beauté.

Et sa gloire se répandit si loin, que la reine de Sabah, qui régnait au fond de l'Arabie Heureuse, et qui se croyait la plus riche et la plus puissante reine du monde, le voulut voir de ses yeux; — et c'est ici que le merveilleux arabe éclate au milieu de l'histoire comme un saphir oriental monté par un orfévre phénicien.

Qui fournit le saphir? C'est Mahomet, lequel écrit son *Koran* seize cents ans après que Salomon a écrit l'*Ecclésiaste*.

Lisez le chapitre de la *Fourmi*.

Une huppe arrive du royaume de Sabah, et annonce à Salomon que la reine du Midi a quitté ses États pour le visiter. Alors, Salomon, dont l'anneau commande aux génies, ordonne à l'un d'eux d'aller chercher à Sabah le trône de la reine, afin que la présence de ce trône qui l'attend lui soit une preuve que rien n'est caché à celui à qui Dieu fit don de la sagesse. Et lorsque la belle Nicaulis descend de son éléphant, et qu'elle est introduite dans le palais du roi, prenant pour de l'eau le pavé, qui est de verre poli, elle découvre sa jambe, et lève le bas de sa robe de peur de se mouiller.

Derrière l'éléphant de la reine venait une longue suite de serviteurs conduisant des chameaux de Madian, et des dromadaires d'Epha, tout chargés de présents destinés au prince que visitait sa royale sœur : des parfums, des aromates, des pierres précieuses et cent vingt talents d'or (sept millions de notre monnaie).

La reine, qui croyait éblouir, fut éblouie ; et quand elle eut monté, avec Salomon, les six marches qui, entre douze lionceaux d'or, conduisaient au trône d'or où il rendait ses jugements, elle s'écria en se prosternant à ses genoux :

— Heureux ceux qui sont à vous! Heureux ceux qui vous servent! heureux ceux qui jouiront toujours de votre présence! Heureux ceux qui écouteront éternellement votre sagesse!

Et la reine Nicaulis avait raison : nul prince ne s'était encore assis au milieu de tant de gloire; nul roi n'avait encore compris comme Salomon la grandeur de la majesté humaine.

Et quand la reine s'en alla, comblée à son tour des présents de celui qu'elle était venue pour enrichir ; quand, partout sur sa route, elle trouva le royaume heureux et florissant, elle s'étonnait, à chaque pas, d'une si profonde paix et d'une si grande prospérité ; « car, dit le troisième livre des *Rois*, Israël et Juda vivaient sans nulle crainte, chacun sous son figuier ou sous sa vigne, depuis Dan jusqu'à Bersabée. »

Rien ne reste aujourd'hui du temple magnifique que Salomon éleva au Seigneur ; rien ne reste des trois palais qu'il bâtit : un pour lui, l'autre pour la reine, l'autre pour les étrangers ; rien ne reste du tombeau où, fils pieux, il coucha sur un lit de pièces d'or son père David. Mais traversez les solitudes qui s'étendent de la Syrie à l'Euphrate, et dans une fraîche oasis, sous ces arbres merveilleux qui lui firent donner le nom de Palmyre par les Romains, vous trouverez les ruines de la vieille Tadmor, que le désert religieux a conservées dans son vaste écrin de sable mieux que n'eût fait la main sacrilége de la civilisation.

Salomon régna quarante ans, puis mourut. Mais sa gloire l'avait précédé dans le sépulcre, et s'était couchée avant lui dans la tombe où l'attendait le cadavre paternel. — Les femmes étrangères, les filles de la Phénicie, les courtisanes de Sidon et de Tyr, avaient fait irruption dans son royaume et dans son cœur, et lui avaient imposé leurs dieux. Cette Astarté, la Vénus indienne, qui a descendu le Nil avec les rois pasteurs,

et qui deviendra plus tard l'Aphrodite
de la Grèce, la Junon de Carthage et la
bonne déesse de Rome; — ce Moloch,
le Saturne-Feu, fournaise ardente qui,
au bruit des tambours et des cymbales,
dévorait ses victimes dans un embrase-
ment enflammé ! — cette Astarté et ce
Moloch étaient devenus ses dieux.

Et, cependant, tout cela, — c'est-à-
dire les égarements de la fin d'une si
belle vie, cette suprême sagesse qui
roule des hauteurs éthérées de son midi
pour aller se perdre, engloutie, dans les
nuages de son couchant; ces derniers
regards voilés par l'erreur qui voient le
prophète Ahias, de Silo, déchirer son
manteau en douze parts, sans comprendre qu'ainsi, et à cause des péchés de
son roi, sera tiré et déchiré en douze

morceaux le royaume d'Israël ; — tout cela n'ôte pas au nom de Salomon son éclatant reflet, son immense prestige. Salomon, c'est à tout jamais le symbole de la gloire, de la justice et de la science ; c'est le soleil de la Judée ; c'est le roi qui lutte avec Sésostris, le bâtisseur qui lutte avec Chéops, le poëte qui lutte avec Orphée ; enfin, pour les Arabes, c'est plus encore : c'est l'enchanteur qui a des armées d'hommes, de dragons et d'oiseaux ; qui connaît la langue de la création tout entière ; qui sait ce que veut dire le cri des animaux, le murmure des arbres, le parfum des fleurs ; qui, de l'aurore au couchant, du midi au septentrion, commande aux vents, messagers rapides portant sa parole aux quatre coins du monde ; qui ordonne aux génies, esclaves obéissants, d'aller lui cueillir la perle éclose au fond des mers, ou le diamant mûri dans les gerçures des roches de Golconde; lesquels génies, le croyant endormi seulement, continuent de le servir après son trépas, ne s'apercevant qu'il est mort qu'à la vue des vers qui rongent le bâton sur lequel s'appuie le cadavre royal, enterré debout.

JÉRUSALEM.

II.

Avec Salomon, Jérusalem a épuisé son ère de joie, sa période de prospérité; après les poëtes qui ont chanté sa grandeur vont venir les prophètes qui prédiront sa ruine. Encore un siècle ou deux, et Israël entendra avec effroi ces grands cris précurseurs et compagnons des désastres, voix qui passent dans les tempêtes, qui retentissent dans les ténèbres, qui se lamentent sur des ruines.

En effet, Nabuchodonosor se lève. C'est l'Attila de la Bible, c'est le préposé des vengeances célestes, c'est le marteau de Jéhovah frappant sur ceux qui ont déserté les autels du vrai Dieu.

Voyez, au reste, si c'est bien lui que les prophètes annoncent.

Isaïe parle :

« Il viendra un temps où tout ce qui est dans votre maison, et tout ce que vos pères y ont amassé jusqu'à ce jour, sera transporté à Babylone !

» Vos enfants mêmes, qui sont sortis de vous, qui ont été engendrés par vous, seront pris, alors, pour être esclaves, et conduits dans la ville des vainqueurs... »

Puis, à son tour, c'est Habacuc qui dit au nom de Dieu :

« Je vais susciter cette nation cruelle et d'une incroyable vitesse, qui court toutes les terres pour s'emparer des maisons des autres.

» Elle porte avec elle l'horreur et l'effroi; ses chevaux sont plus légers que les léopards, plus rapides que les loups qui courent le soir.

» Sa cavalerie se répandra de toutes parts, et ses cavaliers viendront de loin, volant comme l'aigle qui fond sur sa proie.

» Ils viendront tous au butin, et leur roi assemblera des troupes de captifs comme des monceaux de sable... »

En effet, Nabuchodonosor arrive.

En ce temps-là Nabuchodonosor, roi de Babylone, vint avec ses gens pour prendre la ville.

» Alors, Joachim, roi de Juda, sortit de Jérusalem, et alla se rendre au roi de Babylone avec sa mère, ses serviteurs, ses princes et ses esclaves, et le roi de Babylone le reçut à discrétion.

» Il emporta de Jérusalem tous les trésors de la maison du roi ; il brisa tous les vases d'or que Salomon, roi d'Israël, avait fait mettre dans le temple du Seigneur, selon ce que le Seigneur avait prédit.

» Il transféra tout ce qu'il y avait de considérable dans Jérusalem, tous les princes, tous les vaillants de l'armée, au nombre de dix mille captifs, et il ne laissa après lui que les plus pauvres dans le peuple.

» Il transféra aussi à Babylone Joachim avec sa mère, ses femmes et ses esclaves, et il emmena captifs de Jérusalem à Babylone les juges du pays,

» Et ce fut ainsi que le roi de Babylone enleva les plus vaillants de Juda, les artisans, les lapidaires, tous les gens de guerre et tous les gens de cœur, et les emmena captifs à Babylone. »

C'était cette captivité qui avait été prédite par le roi David, dans ce magnifique psaume où se personnifiera la douleur des exilés de tous les temps :

« Au bord des fleuves de Babylone, nous nous sommes assis, et nous avons pleuré en nous souvenant de Sion!

» Nous avons suspendu nos harpes aux saules de leurs rives.

» Parce que ceux qui nous avaient emmenés en captivité nous demandaient des chants de notre pays.

» Et ils nous disaient : « Chantez-
» nous une hymne des cantiques de
» Sion. »

« Comment chanterions-nous le cantique du Seigneur sur une terre étrangère ?

» Si je t'oublie, ô Jérusalem ! que ma droite elle-même soit mise en oubli !

» Que ma langue se sèche dans ma gorge, si je t'oublie, ô Jérusalem !

» Si Jérusalem n'est pas à jamais le principe de ma joie !

» Souviens-toi des fils d'Edom, Seigneur, au jour où tomba Jérusalem.

» Lorsqu'ils disaient : « Détruisez-la,
» détruisez-la jusque dans ses fonde-
» ments ! »

» Misérable fille de Babylone ! béni

soit qui te rendra les douleurs que tu
nous a faites!

» Béni soit qui t'arrachera tes petits
enfants, et les écrasera contre la pierre! »

Au nombre des exilés était Daniel.

Daniel, du sang de Juda, enlevé tout
enfant à cette Jérusalem qui n'a plus de
population, qui n'a plus de temple; Daniel, expliquant les songes de Nabuchodonosor, et lisant le *Mané Thacel Pharès* de Balthasar; Daniel, jeté deux fois
dans la fosse aux lions, où, la première
fois, il passe une nuit, et, la seconde
fois, six jours; Daniel obtient, enfin, de
Cyrus un édit qui autorise les Hébreux
à reprendre le chemin de leur patrie, et
à rebâtir le temple, auquel il fixe une
hauteur de soixante coudées, une largeur égale, trois rangs de pierres po-

lies, et un rang de bois *poussé en Syrie.*

Après soixante et dix ans de captivité, quarante-deux mille trois cent soixante Juifs rentrèrent dans leur patrie ; — car deux fois, pendant ces soixante et dix années, Jérusalem avait été reprise et pillée, et, à chaque fois, une nouvelle dîme d'hommes avait été prélevée sur sa population, et avait suivi le vainqueur.

Cyrus avait mieux fait que d'autoriser à rebâtir le temple : il s'était chargé des frais de construction, et avait rendu aux Hébreux cinq mille quatre cents vases d'or et d'argent emportés de Jérusalem par Nabuchodonosor.

Hélas ! ce n'était pas l'ancien temple, mais c'était encore le temple. Tandis que les vieillards pleuraient, les jeunes gens poussaient des cris joyeux : ils n'avaient pas vu le premier ! L'an 513 avant Jésus-Christ, on consacra le nouvel édifice en présence d'une multitude d'Hébreux accourus de la Palestine pour cette fête solennelle, pendant laquelle on immola cent veaux, deux cents béliers, quatre cents agneaux et douze boucs — un par tribu — pour les péchés d'Israël.

Le temple rebâti et consacré, c'était la nationalité reconquise.

Après avoir relevé le temple, on songea à relever les murailles; mais il fallait, pour cela, une autorisation d'Artaxercès, et nul n'osait la lui demander.

Artaxercès avait pour esclave un Juif nommé Néhémie, fils de Helchias; il avait pris cet esclave en amitié, et avait fait de lui son échanson.

Un jour, un des frères de Néhémie, nommé Hanani, vint le voir, et lui demanda ce que les Juifs qui se rencontraient sur la terre étrangère se demandaient tout d'abord entre eux : — il lui demanda des nouvelles de Jérusalem.

Hanani secoua la tête.

— Le temple est rebâti, dit-il ; mais les murailles sont toujours détruites, et les portes ont été consumées par le feu !

Or, quelques jours après, pendant la vingtième année du règne d'Artaxercès, au mois de *nisan*, comme on apportait du vin devant le roi, Néhémie prit ce vin et le lui servit. Alors, le roi le regarda, et, lui ayant trouvé le visage tout abattu :

— Pourquoi as-tu le visage si triste, lui demanda-t-il, n'étant pas malade? Il faut que tu aies quelque mal qui te tienne le cœur!

Néhémie fut saisi d'une grande crainte; mais, rappelant tout son courage, et croyant le moment favorable :

— O roi! lui répondit-il, que votre vie soit éternelle! Comment mon visage ne serait-il pas abattu quand la ville où sont les tombeaux de mes pères est déserte, quand ses murailles sont détruites, quand ses portes sont brûlées?...

— Eh bien! que demandes-tu? dit le roi.

Néhémie pria Dieu tout bas, et répondit plus hardiment :

— Si ma demande ne déplaît pas au roi, si son serviteur n'a pas démérité de lui, qu'il m'envoie, je l'en supplie, en Judée, à la ville du sépulcre de mes pères, afin que je la relève de ses ruines.

Le roi et la reine se regardèrent et échangèrent un coup d'œil d'assentiment.

— Combien ton voyage durera-t-il, et quand reviendras-tu ? reprit Artaxercès.

Néhémie fixa une époque.

— C'est bien, dit le roi ; va !

— Sire, dit alors Néhémie, ce que vous faites est déjà beaucoup, mais n'est pas encore assez. Je supplie le roi de me donner des lettres pour les gouverneurs du pays d'au-delà le fleuve, afin qu'ils me fassent passer sûrement jusqu'à ce que je sois en Judée ; je le supplie, en outre, de me donner une lettre pour Asaph, grand maître de ses forêts, afin que je puisse prendre le bois dont j'aurai besoin.

Et le roi accorda à Néhémie tout ce que Néhémie lui demandait.

Alors, Néhémie partit pour la Judée.

Peut-être rencontra-t-il sur sa route Thémistocle, exilé d'Athènes, et venant implorer l'hospitalité d'Artaxercès. — La Grèce commençait à compter au rang des nations : elle était ingrate.

Néhémie employa douze ans à accomplir la pieuse tâche qu'il avait entreprise, et, la douzième année après son départ, il revint auprès d'Artaxercès comme il le lui avait promis.

Ce que voyant celui-ci, et quelle avait été la fidélité de Néhémie à remplir sa promesse, il le renvoya à Jésusalem avec le titre de gouverneur.

Un peu plus de cent ans s'étaient écoulés depuis la reconstruction des murailles de la ville, lorsque l'on apprit tout à coup à Jérusalem qu'un conquérant étranger, venant du nord, avait pris Damas et Sidon, et assiégeait Tyr.

Huit jours après, un messager arriva porteur d'une lettre écrite par ce conquérant au grand prêtre Jaddus.

Il lui demandait trois choses : des secours, un commerce libre avec son armée, et l'appui qu'il prêtait aux rois des Perses, l'assurant qu'il n'aurait pas à se repentir d'avoir préféré son amitié à celle de Darius.

La lettre était signée d'un nom inconnu aux Juifs; — celui qui l'avait écrite s'appelait Alexandre fils de Philippe.

Jaddus n'attacha donc pas grande importance à cette lettre, et répondit que les Juifs avaient promis avec serment à Darius de ne jamais porter les armes contre lui, et qu'ils ne pouvaient y manquer tant que Darius serait vivant.

Cette lettre qu'avait reçue Jaddus, et à laquelle il venait de répondre d'une si imprudente façon, c'était la conquête européenne qui frappait pour la seconde fois aux portes de l'Asie.

On n'avait pas entendu parler de l'Europe depuis la chute de Troie.

Aussi le grand prêtre ne connaissait-il que Darius III, douzième roi de Perse.

L'empire de celui-ci était immense: Il s'étendait de l'Indus au Pont-Euxin et du Jaxarte à l'Éthiopie ; continuant l'œuvre de Darius Ier et de Xercès, le roi de Perse rêvait une troisième invasion de la

Grèce qui vengeât Marathon et Salamine, quand, tout à coup, dans une province de cette Grèce bornée à l'orient par le mont Athos, au couchant par l'Illyrie, au nord par l'Hemus, au midi par l'Olympe, et grande à peine comme la vingtième partie de son royaume, un jeune roi se montra, qui résolut de renverser et de réduire en poussière cet immense empire.

C'était Alexandre fils de Philippe.

Il était né à Pella, le 6 du mois *hecatombœon* de la première année de la 106e olympiade, la nuit même où fut brûlé le temple de Diane à Ephèse.

Dans un accès de colère, son père avait, un jour, voulu le tuer; ce qui eût fort changé la face du monde oriental. Lui s'en était vengé en sauvant la vie à son père, dans un combat contre les Triballes où il le couvrit de son bouclier.

A vingt ans, il avait vaincu les Médares, les avait chassés de leur ville, qu'il avait nommée Alexandropolis, et repeuplée de nouveaux habitants; puis, après avoir soumis ces mêmes Triballes auxquels il avait disputé la vie de son père, il avait ravagé le pays des Gètes. Ensuite, il s'était retourné contre les Thébains et les Athéniens, lesquels, sur l'avis de Démosthènes, et croyant au bruit de sa mort qui s'était répandu, avaient pris les armes; alors, il avait envahi la Béotie, avait ravagé Thèbes, ne laissant debout que la maison de Pindare. Enfin, il avait tenu à OEgé un grand conseil de guerre où l'invasion de l'Asie avait été arrêtée.

A cet effet, il avait levé trente mille

hommes d'infanterie, quatre mille cinq cents hommes de cavalerie ; avait rassemblé une flotte de cent soixante galères, s'était muni de soixante et dix talents d'or, avait pris des vivres pour quarante jours, était parti de Pella, avait longé les côtes d'Amphipolis, passé le Strymon, franchi l'Hèbre ; était arrivé en vingt jours à Sestos, avait débarqué sans opposition sur les rivages de l'Asie Mineure ; avait visité le royaume de Priam, ou plutôt l'emplacement de ce royaume ; avait couronné de fleurs le tombeau d'Achille, son aïeul maternel ; avait traversé le Granique, battu les satrapes, tué Mithridate, soumis la Mysie et la Lydie, pris Sardes, Milet, Halycarnasse ; avait soumis la Galatie, traversé la Cappadoce, s'était baigné, couvert de sueur, dans le

Cydnus, et avait failli en mourir; mais, guéri par l'art de son médecin Philippe, il s'était bientôt relevé de sa couche fiévreuse, plus ardent au combat que jamais; avait repris sa course victorieuse, subjugué la Cilicie, rencontré dans les plaines d'Issus les Perses, qu'il avait chassés devant lui comme une poussière, et leur roi Darius, qui avait fui abandonnant ses trésors, sa mère, sa femme et ses enfants. — Alors, voyant le passage de l'Euphrate ouvert, il avait envoyé un détachement à Damas pour se saisir du trésor royal de Perse, et avait marché en personne pour s'emparer des villes longeant la Méditerranée, puis avait pris Sidon d'un coup de main, et était venu mettre le siége devant Tyr.

C'était de Tyr que ce conquérant, que

l'on ne connaissait guère encore que comme un fou aventureux, avait écrit au grand prêtre Jaddus, et c'était devant Tyr, qu'il allait prendre après un siége de sept mois, que la réponse de celui-ci lui était parvenue.

— C'est bien, avait-il dit en se retournant vers Parmenion; c'est une ville à détruire lorsque nous en aurons le temps!

Et, alors, Parmenion, au rang des villes à détruire, avait mis sur ses tablettes : — JÉRUSALEM.

Mais, pour le moment, comme l'avait dit Alexandre, le temps lui manquait : avant de s'enfoncer dans les terres, avant de risquer sa pointe insensée dans l'Inde, il lui fallait anéantir les villes de la côte, et Gaza était debout.

Il marche vers Gaza, la prend et la saccage après un siége meurtrier ; irrité d'une blessure grave qu'il a reçue, il passe une courroie dans les talons du commandant perse Bœthys, comme fit autrefois Achille à Hector, et le traîne trois fois autour des murailles croulantes de la ville incendiée. Il ajourne Jérusalem, poursuit son chemin vers l'Égypte, qui, heureuse d'échapper au joug de Darius, le reçoit comme un libérateur; il remonte le Nil jusqu'à Memphis, visite les Pyramides, redescend jusqu'à Canope, fait le tour du lac Mareotis, et, arrivé sur sa rive septentrionale, entre cette rive et la mer, voyant la beauté de la plage et la force de la situation, se décide à donner une rivale à Carthage, qu'il ne peut détruire comme il a fait de

Tyr et de Sidon, et charge l'architecte Dinocrates de bâtir une ville qui s'appellera Alexandrie.

L'architecte obéit. Il trace une enceinte de quinze mille pas, à laquelle il donne la forme d'un gigantesque manteau macédonien, coupe sa ville en deux rues principales, afin qu'elle puisse aspirer la fraîche haleine des vents étésiens ; la première de ces rues s'étendra de la mer au lac Maréotis, et elle aura dix stades ou onze cents pas de longueur ; la seconde traversera la ville dans toute son étendue, et elle aura quarante stades ou cinq mille pas d'une extrémité à l'autre. Toutes deux auront cent pieds de large.

Et lui, tandis qu'on jette les fondements de cette ville, dont les brillantes destinées resplendissent déjà dans cette nuit de l'avenir plus sombre encore que celle du passé, lui part pour l'oasis d'Ammon, coupe le désert du nord au sud, laisse à sa droite le tombeau d'Osiris; à sa gauche les lacs Natron et le Fleuve sans Eau, arrive au temple de Jupiter après huit jours de marche, se fait reconnaître pour le fils de ce Dieu, repasse par Alexandrie, qu'il ne reverra plus que du haut de son char funéraire, reprend la route qu'il a déjà suivie, et, comme Jérusalem est sur le chemin d'Arbelles, et que Darius l'attend à Arbelles, il se dirige à travers les montagnes d'Ascalon vers Jérusalem, où Parmenion lui rappelle qu'il a un exemple à faire.

Jérusalem avait vu passer au bord

de la mer le conquérant et son armée, pareils à une trombe ; elle avait entendu les cris de Tyr ; elle avait vu l'incendie de Gaza ; puis le vainqueur avait continué son chemin, disparaissant derrière Héliopolis, et elle avait cru que, comme un soleil, il allait s'éteindre à l'occident.

Et voilà que, tout à coup, il reparaissait marchant de l'occident à l'orient.

Il ne fallait pas songer à résister par des moyens humains à l'homme qui venait de prendre Tyr et de raser Gaza. Dieu seul, — comme aux jours où s'arrêtait le soleil, et où tombaient des pluies de pierres, — pouvait secourir Jérusalem.

Le grand prêtre ordonna des prières publiques et fit des sacrifices.

« La nuit suivante, Dieu lui apparut.

« — Sème de fleurs les rues de la ville, lui dit-il ; fais-en ouvrir toutes les portes ; et va, revêtu de tes habits pontificaux, avec tous les prêtres et tous les lévites, revêtus aussi de leurs habits, au-devant d'Alexandre, et ne redoute rien de lui : au lieu d'anéantir Jérusalem, il la protégera !

Jaddus prévint le peuple de cette vision, afin qu'au lieu d'attendre dans les larmes, il attendît dans la joie ; puis, lorsqu'on commença à entendre les pas du victorieux qui s'approchait, le grand sacrificateur, accompagné de tous les prêtres en habit sacerdotaux, des lévites vêtus de blanc, et de tout le peuple en costume de fête, alla au-devant de lui.

L'armée du destructeur et le peuple

des suppliants se rencontrèrent sur la route de Samarie et de Galilée, à un lieu nommé Sapha, lieu fort élevé d'où l'on pouvait voir et le temple et la ville, ce lieu n'étant éloigné de Jérusalem que de sept stades.

A la vue de cette multitude d'hommes et de femmes chantant des cantiques de joie, comme aux jours des fêtes d'Israël, portant dans leurs mains des palmes et des fleurs; à la vue de cette troupe de prêtres et de lévites vêtus de lin, de ce grand sacrificateur avec son éphod d'azur constellé de diamants, avec sa tiare ornée d'une lame d'or sur laquelle éclatait le nom de Jehovah, — au grand étonnement des généraux d'Alexandre et de son armée, qui regardaient déjà le temple et la ville comme une proie; Alexan-

dre, étendit la main pour que tout le
monde s'arrêtât, descendit de cheval,
s'approcha seul, salua le grand prêtre,
et, s'agenouillant devant lui, adora le
nom de Dieu.

Alors, les Juifs entourèrent le conquérant, les enfants étendant leurs petites
mains vers lui, les femmes lui jetant des
fleurs, les hommes élevant la voix, et
lui souhaitant toutes sortes de prospé-
rités.

Et le lion macédonien, devenu humble
et doux comme l'agneau qui se suspend
des lèvres aux vignes d'Engaddi, toucha
les mains des plus petits enfants, sourit
aux femmes, et remercia les hommes
des vœux qu'ils faisaient pour lui.

Et son armée le croyait fou, et ces rois
de Syrie qui le suivaient le croyaient

fou, et ce Parmenion auquel il avait dit :
« Fais-moi souvenir de détruire Jérusalem, » le croyait fou.

Parmenion s'approcha de lui :

— Seigneur, lui demanda-t-il, d'où vient donc que, toi qui es adoré du monde entier, tu adores le grand prêtre des Juifs ?

— Ce n'est pas lui que j'adore, répondit Alexandre ; celui que j'adore, c'est le Dieu dont il est le ministre.

— Ce Dieu est-il donc le Jupiter dont tu t'es fait déclarer le fils, et dont tu as été visiter le temple dans l'oasis d'Ammon ?

Alexandre secoua la tête.

— Écoute, dit-il à Parmenion :

Puis, élevant la voix :

— Et vous tous aussi, dit-il encore, écoutez ! Lorsque j'étais en Macédoine, et que je rêvais aux moyens de conquérir l'Asie, un Dieu m'apparut en songe. Il portait ce même costume que porte le grand prêtre ; seulement, à son front resplendissant de lumière, je pus reconnaître sa divinité : « Ne crains rien, Alexandre, fils de Philippe, me dit-il, traverse hardiment l'Hellespont ; je marcherai à la tête de ton armée, et je te ferai conquérir l'empire des Perses. » Sur cette assurance, je partis, et je fus vainqueur ! Ne sois donc pas étonné, ô Parmenion ; ne soyez donc pas étonnés, vous tous qui m'écoutez, que, retrouvant ici ce grand prêtre vêtu du costume que portait son Dieu lorsqu'il m'est apparu, je m'incline devant lui, et qu'en lui j'adore son Dieu ; car c'est par ce Dieu inconnu, je le vois maintenant, et non par tous les nôtres, que j'ai vaincu Darius, que je le vaincrai encore, et que je détruirai l'empire des Perses!

Et, ayant expliqué ainsi sa conduite à Parmenion et aux rois de Syrie, Alexandre embrassa le grand sacrificateur, entra dans la ville à pied, monta au temple, et y offrit des sacrifices à Jehovah, selon la manière dont le grand prêtre lui dit de le faire pour être plus agréable au Seigneur.

Puis, les sacrifices offerts, le grand sacrificateur, ouvrant sous les yeux du roi de Macédoine le livre de *Daniel*, au chapitre VIII, lui fit lire la prédiction suivante, si claire, qu'il n'y avait pas à s'y tromper :

« J'eus une vision, lorsque j'étais au château de Suze, dans le pays d'Élam, et, dans cette vision, il me parut que j'étais à la porte d'Ulaï.

» Je levai les yeux, et je vis un bélier qui se tenait au devant des marais. — Il avait les cornes élevées ; — seulement, l'une était plus élevée que l'autre.

» Et il donnait des coups de corne contre l'occident, contre le nord et contre le midi ; et aucune bête ne pouvait lui résister ; de sorte qu'il fit tout ce qu'il voulut, et devint fort puissant.

» J'étais attentif à ce que je voyais, lorsque, en même temps, j'aperçus une licorne ; elle venait de l'occident, glissant sur la surface du sol, mais sans toucher la terre.

» Elle vint jusqu'à ce bélier que j'avais vu se tenir au-devant des marais, hors de la porte d'Ulaï, et s'élança sur lui avec une grande impétuosité.

» Et l'ayant attaqué avec furie, elle le perça de coups, et, l'ayant renversé à terre, elle le foula sous ses pieds, sans que le bélier lui pût résister, et sans que personne le pût tirer de sa puissance.

» Après quoi, la licorne grandit, et, toujours grandissant, atteignit une taille gigantesque ; mais, alors, sa corne se rompit en quatre morceaux, et ces quatre morceaux, devenant quatre cornes différentes, se dressèrent contre les quatre vents du ciel.

» Et comme, moi Daniel, je cherchais l'intelligence de cette vision, un ange descendit du ciel, et vint vers le lieu où j'étais; et, le voyant tout resplendissant de la lumière céleste, je tombai le visage contre terre, le cœur palpitant et le corps tout frissonnant de crainte!

» Alors, il me toucha, et, me faisant tenir debout, il me dit : « Le bélier que
» tu as vu, et qui avait des cornes dont
» l'une était plus haute que l'autre, est
» le roi des Perses et des Mèdes, qui
» commande à deux royaumes, dont
» l'un est plus grand que l'autre.

» Et la licorne est le roi des Grecs ;
» et les quatre cornes qui sont nées de sa
» corne brisée, ce sont les quatre rois qui
» naîtront de sa nation, et qui lui succè-
» deront, mais non pas avec une force
» et une puissance égales aux siennes ! »

Alexandre lut le livre saint, admira ce peuple élu du Seigneur, lequel, au lieu d'avoir des oracles qui expliquaient le passé ou le présent, avait des prophètes qui prédisaient l'avenir, et démanda au grand prêtre quelle grâce il désirait recevoir de lui.

Et le grand prêtre répondit :

— O roi ! je vous supplie de permettre que nous vivions selon la loi de nos pères ; de permettre que les Juifs de Babylone et de la Médie puissent vivre de même selon leurs lois, et de nous exempter, enfin, toutes les septièmes années, du tribut que nous payerons pendant les six autres.

Alexandre, avec une grande bonté, accorda tout ce que demandait Jaddus, et il ajouta :

— Si quelques-uns de vos jeunes guerriers désirent venir avec moi, et servir dans mes armées, il leur sera permis d'y vivre selon leur religion, et d'y exercer toutes leurs coutumes.

Beaucoup acceptèrent et prirent rang dans l'armée macédonienne.

Trois jours après, Alexandre quitta Jérusalem, au milieu des actions de grâces du grand sacrificateur, des prêtres, des lévites et de tout le peuple, qui le suivait des yeux avec reconnaissance et admiration. — Pendant quelque temps encore, on entendit le retentissement de ses pas, qui s'enfonçaient vers l'Euphrate et le Tigre : une bouffée de vent du nord-est apporta, un jour, le bruit de la bataille d'Arbelles ; on entendit comme un écho la chute de Babylone et de Suze ; on vit rougir à l'horizon l'incendie de Persépolis ; puis, enfin, cette rumeur lointaine se perdit derrière Ecbatane, dans les déserts de la Médie, de l'autre côté du fleuve Arius…

Et, maintenant, voulez-vous savoir comment l'auteur du poëme des *Macchabées* écrit en dix lignes l'histoire d'Alexandre? Écoutez, et dites-nous si les vingt-quatre chants de l'*Illiade* font le fils de Thétis et de Pelée plus grand que le fils de Philippe et d'Olympia.

« Après qu'Alexandre, roi de Macédoine, fils de Philippe, qui régna premièrement dans la Grèce, fut sorti du pays de Cethim, et qu'il eut vaincu Darius, roi des Perses et des Mèdes;

» Il livra beaucoup de batailles, prit les plus fortes villes, vainquit et tua les rois les plus vaillants;

» Il alla jusqu'aux extrémités du monde, s'enrichit de la dépouille des nations; et la terre se tut devant lui ! »

FIN DU PREMIER VOLUME.

Paris. — Typ. de Mme Ve DondeyDupré, rue SaintLouis, 46.

www.ingramcontent.com/pod-product-compliance
Lightning Source LLC
Chambersburg PA
CBHW060415170426
43199CB00013B/2152